LA MANSIÓN DE LA PIEDRA TORCIDA

Por el espíritu

ANTÓNIO CARLOS

Psicografía de

VERA LÚCIA MARINZECK DE CARVALHO

Traducción al Español:

J.Thomas Saldias, MSc.

Trujillo, Perú, Mayo 2022

Título Original en Portugués:

"A Mansão Da Pedra Torta"
© Vera Lúcia Marinzeck de Carvalho

World Spiritist Institute

Houston, Texas, USA

E– mail: contact@worldspiritistinstitute.org

De la Médium

Vera Lúcia Marinzeck de Carvalho (São Sebastião do Paraíso, 21 de octubre –) es una médium espírita brasileña.

Desde pequeña se dio cuenta de su mediumnidad, en forma de clarividencia. Un vecino le prestó la primera obra espírita que leyó, "El Libro de los Espíritus", de Allan Kardec. Comenzó a seguir la Doctrina Espírita en 1975.

Recibe obras dictadas por los espíritus Patrícia, Rosângela, Jussara y Antônio Carlos, con quienes comenzó en psicografía, practicando durante nueve años hasta el lanzamiento de su primer trabajo en 1990.

El libro "Violetas na Janela", del espíritu Patrícia, publicado en 1993, se ha convertido en un éxito de ventas en el Brasil con más de 2 millones de copias vendidas habiendo sido traducido al inglés, español, francés y alemán, a través del World Spiritist Institute.

Del Traductor

Jesus Thomas Saldias, MSc., nació en Trujillo, Perú.

Desde los años 80's conoció la doctrina espírita gracias a su estadía en Brasil donde tuvo oportunidad de interactuar a través de médiums con el Dr. Napoleón Rodriguez Laureano, quien se convirtió en su mentor y guía espiritual.

Posteriormente se mudó al Estado de Texas, en los Estados Unidos y se graduó en la carrera de Zootecnia en la Universidad de Texas A&M. Obtuvo también su Maestría en Ciencias de Fauna Silvestre siguiendo sus estudios de Doctorado en la misma universidad.

Terminada su carrera académica, estableció la empresa *Global Specialized Consultants LLC* a través de la cual promovió el Uso Sostenible de Recursos Naturales a través de Latino América y luego fue partícipe de la formación del **World Spiritist Institute**, registrado en el Estado de Texas como una

ONG sin fines de lucro con la finalidad de promover la divulgación de la doctrina espírita.

Actualmente se encuentra trabajando desde Peru en la traducción de libros de varios médiums y espíritus del portugués al español, así como conduciendo el programa "La Hora de los Espíritus."

ÍNDICE

I EL TRABAJO 7

II LA MANSIÓN DE LA PIEDRA TORCIDA......19

III EL SUEÑO..38

IV EL SALÓN DE BAILE 57

V LA BANDERA BLANCA 65

VI PASEANDO CON CIRILO............................79

VII LA TORRE 95

VIII REENCARNACIONES.................................116

IX DR. BERNARDO.......................................142

X EL CRIMINAL...162

XI UN CRIMEN MÁS 180

XII DEJANDO LA MANSIÓN 197

I
<u>EL TRABAJO</u>

Ana Elizabeth caminó apresurada, a esa hora no había mucho movimiento en las calles. Una llovizna fina y fría empapaba su ropa. Pensó molesta por qué había olvidado en traer la capa impermeable o el paraguas.

– "Creo que fue la discusión de mamá con papá" – se quejó suavemente.

Entró en un bar, decidida a esperar hasta las dos y media para subir a la oficina de la Dra. Janice para ver si podía conseguir el trabajo. Se instaló en un rincón de una mesa; en el bar solo había unos pocos. Pidió un chocolate caliente, abrió el periódico y leyó por décima vez el anuncio.

– "Se necesita una chica que sepa inglés y francés para enseñar a un niño."

A continuación los documentos necesarios y la ubicación, una finca en el campo del estado, y el salario.

– "No es mucho, pero es la solución."

El mesero la miró sin entender, se acercó y notó que ella hablaba sola. Ana sonrió, no podía quitarse esta manía. Desde pequeña hablaba sola, Cuando estaba preocupada hablaba aun más, sin importarse del asombro o las risas la gente.

El trabajo sería la solución, pero nada era perfecto, seguía pensando. Le gustaba la ciudad en la que vivía, la capital de su estado y sintió tener que estar ausente, pero estaba buscando trabajo hacía tanto tiempo, sin tener nada en concreto. No quería vivir a expensas de sus padres, quienes siempre le decían que estaban juntos por ella. Vivían en un barrio tranquilo y agradable, actualmente tenía pocas amigas viviendo cerca, porque casi todas se casaron y se fueron a residir lejos del barrio.

Desde pequeña sus padres se peleaban mucho. Por eso, Gilson, su único hermano, menor que ella, se alistó en el ejército y se fue a vivir a otra ciudad. La separación de sus padres parecía inevitable y ella estaba conformada. Sería bueno si saliera de la casa y dejara que los dos lo arreglaran, lo que sería mejor para ellos.

Ya ni Felipe le interesaba más. Se acordó de Felipe, su antiguo enamorado. Llevaban un mes desde que habían discutido y ya que él había sido visto con otra. A Ana no le importaba, no lo amaba. Nunca amó a nadie, pero ciertamente le encantaría alguien un día.

Miró el reloj, eran dos y diez minutos, suspiró; pagó la cuenta y leyó una más el anuncio, salió del bar y fue a la dirección indicada.

La oficina estaba abierta y una chica, la secretaria, la atendió. Cuando Ana le dijo que había venido por el anuncio, ella le pidió para ver los documentos solicitados. Ana Elizabeth se había graduado hacía unos meses. mostró el diploma orgullo, siempre había sido una gran estudiante. El anuncio también pedía que la candidata fuera soltera, seguramente porque requería que viviera en el lugar y no podría llevar al cónyuge.

– ¿Ya son muchas las candidatas?

– No, los que vinieron no tenían los documentos. El anuncio pide una persona joven, soltera, formado en francés e inglés. Pero sus documentos son correctos. Así que la Dra. Janice al llegar, la atenderá.

La Dra. Janice era abogada, su oficina estaba bien organizada y bonita. Con la precisión de un reloj suizo, a las dos y media, el Dra. Janice llegó a su oficina y después cinco minutos la recibió.

– Muy bien, cumples con los requisitos requeridos. ¿No te importa salir de aquí e ir al campo? La mansión de doña Eleonora está ubicada en un granja a quince kilómetros de una pequeña ciudad.

– No, Señora, no me molesta.

– ¿Sabes, también que el contrato es de seis meses, si vuelves antes de se te pagará acorde y los gastos de viaje no serán cubiertos?

– Leí el anuncio.

– Muy bien – continuó la Dra. Janice –. El niño a quién dará clases es un chico de catorce años y enfermo. Tendrá que tener con él mucha paciencia.

– ¿Es deficiente mental?

– Un deficiente mental no aprendería idiomas, ¿no cree, señorita?

– Ciertamente – Ana el respondió, avergonzada.

– Si está de acuerdo con todo, puede firmar el contrato. Mañana volverá aquí por tomar el pasaje de tren y saber más detalles. Buenas tardes.

– Buenas tardes.

Ana Elizabeth firmó el contrato con la secretaria y se fue, el tiempo había mejorado. No les dijo nada a sus padres sobre el trabajo que había encontrado. Al día siguiente, estaba allí en el momento adecuado. La Dra. Janice te dio el pasaje y un papel con las instrucciones y esperó a que Ana lo leyese y despejar sus dudas.

– Llegaré a la ciudad y ¿un empleado de la hacienda me estará esperando?

– Sí, solamente espere. Es una estación tranquila y no habrá errores.

– ¡Mansión de la Piedra Torcida! – Exclamó Ana –. Qué nombre tan raro, las piedras tienen formatos, generalmente son torcidas.

Dra. Janice por primera vez, sonrió.

– Pronto verás la razón de este nombre. Hay en el jardín, frente a la mansión, una hermosa piedra que está toda torcida o curva, formando casi una "S", por eso el nombre de la mansión. Buenas tardes y buen viaje. Le gustará allí y el trabajo.

La Dra. Janice se levantó de la silla y extendido la mano a Ana, despidiéndose. La joven profesora se levantó rápido y salió.

Mientras caminaba por las calles, estaba pensando: "Otoño en 1955, yo Ana Elizabeth, estoy empleada, salgo de casa y me iré lejos."

Cuando llegó a casa, no había nadie. Aprovechó para escribirle a su hermano dándole la buena noticia y su nueva y temporal dirección. Ser despidió de las amigas con cartas que pondría en el correo al día siguiente temprano. Empezó a hacer las maletas, no llevaría mucho, pero no podría olvidar sus libros didáctico.

Su madre llegó y ella de manera sencilla le dio las noticias.

– ¿Qué es esto? – dijo la madre de Ana indignada –. ¿Irte lejos? Ni siquiera sabes correctamente lo que irás a hacer. ¡Eso nunca! ¡Tú no irás!

– ¡Voy y me voy! – Replicó Ana, perturbada –. ¿Tú y papá no están siempre diciendo que lo soportan todo por mi culpa? Han aguantado demasiado y soy yo quien ya no soporta más estas peleas. Soy mayor, me gradué y es justo que trabaje para mantenerme no perturbarlos más a ustedes.

El papá llegó en medio de la discusión y como siempre sus padres se olvidaron de ella y comenzaron a discutir. Ana gritó y pateó el suelo con fuerza, los dos se detuvieron y dijo convencida:

– Está decidido, yo iré, ya firmé el contrato. Salgo de casa y ustedes pueden hacer lo que crean conveniente. No les daré más problemas. Parto mañana a las diez y ni los quiero en la estación.

Entró en su habitación, dejándolos discutir. Al día siguiente, temprano, a las salir de su habitación encontró a su madre, que le preparaba el café. Tomó tu desayuno en silencio.

– Mamá, no te preocupes por mí. Estoy feliz de ir, estaré bien allí. Es un trabajo como cualquier otro. Lo que gane será libre, no voy a tener gastos. Daré clases solo a una persona, un niño.

La mamá de Ana lloró, pero se secó las lágrimas al ver entrar a su esposo en cocina. Ana abrazó a los dos, tomó su maleta y salió apresurada, aunque todavía quedaba mucho tiempo antes de la hora de embarque. Al cerrar la puerta desde el pequeño jardín, escuchó a los padres discutir y caminó rápidamente. Quiso llorar, pero se animó, lejos de las peleas viviría mejor.

Pasó por la oficina de correos, que estaba cerca de su casa, y colocó las cartas. Luego tomó un coche de alquiler y se fue a la estación. Llegó mucho antes de lo previsto, preguntó tres veces por el tren, hasta que llegó y tomó su lugar. El clima era frío, llovía y todo indicaba que el invierno sería riguroso aquel año. Fue prestando atención al paisaje, siempre le gustaba mirar la naturaleza. El viaje fue tranquilo, viajó durante seis horas y llegó a su destino.

Se bajó del tren y no vio a nadie que pudiera haberla estado esperando. Colocó sus maletas, dos grandes y una pequeña, en una banca y se dirigió al otro lado, frente a la estación, para ver si alguien la buscaba. Solo vio dos carros de alquiler. Hacía frío, no llovía, pero estaba nublado. Un chico de unos trece años se acercó en Ana y preguntó:

– ¿Usted quiere que la lleve a algún lugar?

– No, todavía no, estoy esperando que alguien me lleve a la Mansión de Piedra Torcida.

– ¿Va a la Mansión de la Piedra Torcida? ¡Qué coraje! ¿Va de paseo?

– No, voy a trabajar allí – Ana respondió toda orgullosa.

– Le dijeron señora que la mansión está embrujada?

– Zezé... No molestes los señora con tus conversa tonta.

¡Ven aquí! – Gritó un hombres de manera enérgica.

El chico salió corriendo. Ana todavía quería preguntarle al niño sobre el hecho que él había dicho que la mansión estaba embrujada. Hasta dio algunos pasos para ir detrás de él, pero no había más tiempo. Oyó alguien hablar detrás suyo:

– ¿Señorita Ana Elizabeth?

– Sí.

– Por aquí, por favor, Doña Eleonora la espera.

Tomó las maletas, ella la pequeña y él, las dos grandes.

Siguió al hombre, que, protegido por una capa negra con capucha, apenas dejaba ver su rostro, que parecía estar tratando de ocultar. Cojeaba de una pierna y caminó delante de ella. Empezó a caer una fina llovizna y el viento era fuerte y frío. Caminaron pocos metros y el hombres se detuvo frente a un coche nuevo y moderno. Abrió el maletero y puso el equipaje, luego abrió la puerta de atrás y Ana se acomodó y permaneció quieta.

– Estaremos allí en veinte minutos, señorita. Soy un empleado de la mansión.

Ana suspiró y se tranquilizó, el pobre hombre solo se abrigaba de la lluvia y del viento en su capa. El paisaje parecía hermoso, por lo menos fue lo que ella dedujo, ya que no dio por para ver mucho, porque los lluvia espesado

El camino le pareció corto. El coche entró por el jardín y Ana pudo ver que estaba bien cuidado y con muchos macizos de flores. En el centro vio una piedra de unos dos metros de altura, muy bonita, realmente parecía una "S." El coche se detuvo frente al porche. El empleado bajó y abrió la puerta. del auto a ella, luego recogió sus maletas y subió los pocos escalones. No dijo nada y Ana lo siguió. No hubo necesidad de llamar a la puerta, se abrió y una joven todo sonrisas y agradable le dio la bienvenida.

– Buenas tardes señorita Ana Elizabeth, soy Sônia, la ama de llaves. Tu habitación está lista. Doña Eleonora no pudo venir a recibirte, se disculpa, está indispuesta, el tiempo quizás... Pero, sígueme.

Sônia cogió sus maletas. Cuando Ana fue a despedirse de su chofer, éste ya se había ido. Luego escudriñó rápidamente la sala y vio que el vestíbulo de entrada tenía dos puertas que conducían a dos salas, una para visitas y otra, más sencilla, a la cual Sônia la llevó. Pero Ana la encontró mucho hermosa. En un lugar destacado, vio una escultura dorada de un metro, copia exacta de la piedra del jardín.

– ¡Qué encantadora escultura!

– Es la piedra torcida, igual a la del jardín. La piedra fue encontrada en el terreno cuando la mansión fue construida hace mucho tiempo.

La colocaran en el jardín y luego hicieron esta escultura que está en sala de estar.

Ana siguió a Sônia por los pasillos, subió las escaleras y entró en la habitación que había sido reservada para ella. Constaba del vestidor, baño, una pequeña saleta y una espaciosa habitación, con un enorme cama en Pareja.

– Espero que le guste, señorita – dijo la criada.

– Por favor, llámame Ana. Pero es encantador, ésta habitación es casi del tamaño de mi casa.

Sônia sonrió y aconsejado:

– Aprovecha para poner tus pertenencias en su lugar, puedes ducharte, siéntete como en casa; traeré la cena a las nueve, pero en otros días deberás tomar las comidas en el comedor con la gente de servicio. Mañana, si el tiempo mejora, podrás salir y conocer la finca. Mañana a las ocho vendré a buscarte para el café, Doña Eleonora querer entrevistarte a las nueve. Si me necesitas, jala este cable.

Ellas sonrieron...

– Bueno – concluyó Sônia después de una pausa – hasta esta noche, seguro que quieres descansar.

Sônia se fue. Ana tenía hambre, pero avergonzada no pidió un bocadillo. Se duchó y guardó su ropa. Después miró por la ventana, ya no podía ver nada más que pequeñas luces afuera. Se sentó en un gran silla tapizada en terciopelo rojo y se puso a pensar. Era romántica, vivía soñando. Tal vez, pensó, su amor estaba allí. Quien sabe si se casaría y nunca volvería a su casa, también pensó que allá no habría más, seguramente sus padres se separarían y el hogar se desharía. Cuando regresara tendría que buscar un lugar para vivir, pero no quería pensar en eso ahora, era criada por seis meses y eso debería ser suficiente por ahora. Y durante ese tiempo tendría un lugar donde vivir. ¡Y qué lugar! La mansión era maravillosa, quizás un poco misteriosa, o, cómo el chico en estación dijo, embrujada. Se rio, no creía en eso. Se levantó y fue a ordenar sus libros y cuadernos en escritorio. Todo allí estaba muy limpio y la habitación era moderno, ni parecía hacer parte de la antigua construcción como ellos le llamaban a la mansión. Todo debería haber sido renovado, pero también estaba bien conservada. A las siete y tres minutos, Sônia le trajo la cena en una bandeja.

– Debes estar cansada, mañana recojo la bandeja. ¡Buenas noches! – Se despidió y se retiró, discreto.

Ana comió con apetito. Tuvo ganas de salir y caminar a través de mansión, pero temía ser indiscreta. Se retiró a dormir, cansada, se durmió enseguida en la enorme cama, despertando a las siete y media por el reloj despertador.

Sonrió y dijo para sí misma:

– "¡Buenos días, señora profesora! Buenos día, Ana Elizabeth"

Se levantó en uno salto y se preparó por la entrevista con Doña Eleonora,

II
LA MANSIÓN DE LA PIEDRA TORCIDA

Ana lució uno de sus mejores atuendos, un conjunto de falda y blusa, azul claro y blanco. Le gustó el resultado, quedó elegante, ansiosa esperó a que Sônia viniera a buscarla. Miró por la ventana, su habitación estaba en el ala derecha del piso de arriba, daba a la parte trasera de la mansión. Vio un pequeño bosque y un riachuelo casi oculto por los árboles y, más adelante, un enorme área sembrada.

El clima estaba nublado, ventoso y frío afuera. Abajo de su ventana, había algunas casas y el establo. Miró todo curiosa, encontró muy bonito. De repente, vio una figura que reconoció como el hombre que la había ido a recoger a la estación. Llevaba la misma capa y caminaba rápido a pesar de cojear mucho. Estaba tirando de un hermoso caballo alazán con una malla enorme blanco en el cuello.

– "¡Qué extraña criatura! Me gustaría ver su cara, pues si trabaja aquí, no faltará la oportunidad" – dijo Ana suavemente.

Se llevó un susto cuando Sônia abrió la puerta.

– Discúlpame, Ana, no quise asustarte, pero golpeé en la puerta.

– Está bien, es que estaba tan distraída que ni oí. Estoy lista, podemos irnos.

Ana siguió a Sônia, bajaron las escaleras, pasaron a través de la sala y fueron al comedor, donde Ana tomó rápido su desayuno. Cuándo terminó, llamó a Sônia.

– Doña Eleonora – dijo la criada – te espera en el pequeño escritorio al lado de su habitación.

En la sala había dos escaleras, una que conducía al ala derecha donde se encontraba la habitación en Ana, y la otro, al ala izquierda. Las escaleras estaban una al lado de la otra, solo estaban separadas por una pared. Y para pasar de un ala a otra, había que bajar una escalera y subir por la otra. Las habitaciones estaban ubicadas en la parte de arriba. Una gran parte de la casa tenía piso de madera. Subió las escaleras que conducían al ala izquierda. Ana entendió que en ese ala estaban los mejores habitaciones de la mansión, ocupadas por Doña Eleonora y sus parientes. La decoración era mucho más lujosa en esta parte. Habitaciones en ambas alas con vistas las parte delantera, o sea, para el jardín, y los otros para la parte trasera.

Como si adivinase sus pensamientos, Sônia le explicó:

– Donde te alojas es para visitantes menos ilustres o para empleados categorizado como tú. Nosotros, los servidores, habitamos en las casas de los fondos, que están bien y son cómodas. Actualmente, en mansión duermen tú, Doña Eleonora y Cirilo, el niño al que enseñarás. A veces, el Dr. Bernardo duerme aquí, pero ocupa esta ala en la habitación contigua al niño. Llegamos, ¡es aquí!

Tocó a la puerta de uno de los cuartos que daba a la delantera por el jardín y un voz seca y firme le ordenó entrar.

Sônia abrió la puerta y dijo:

– ¡Con permiso! Ésta es la señorita Ana Elizabeth.

– ¡Buenos días, Doña Eleonora! – Saludó Ana, avergonzada.

– ¡Buen día! Siéntete a gusto. Espero que te gusta estar aquí. Como usted ya ha firmado el contrato con la Dra. Janice, debe estar al tanto de su trabajo. Tiene los domingos libre, pero espero que no se aleje demasiado. Las clases deben ser dadas a mi sobrino Cinto, de nueve a once, en francés, y de las dos a las cuatro de la tarde en inglés. Cirilo está con a poco problema de salud y, por ahora, solo estudiará estos dos temas. En el verano debe viajar y quiero que aprenda estos idiomas. Quiero que le enseñes principalmente palabras usadas en medicina y cómo pedir comida, cómo hablar con médicos, enfermeras y moverse por los hospitales. Cirilo es muy educado, pero quiero recomendarle que tenga paciencia con él y, en la medida de lo posible, hacer todos sus gustos. Esta tarde lo conocerás y debes tomarle una prueba para el nivel de sus conocimientos en estos idiomas. Las clases deben ser donde él quiera, en su habitación, en la biblioteca o en el jardín en invierno. Ahora puedes irte, Sônia permanecerá a cargo de mostrarte las dependencias de la casa y llevarte a conocer a mi sobrino. Hasta pronto.

Sônia esperó en la salita, se puso seria e inmóvil como una estatua. Ana también se quedó así, respondió con un movimiento de cabeza. Las dos jóvenes salieron. Ana pensó:

– "Lo que a Doña Eleonora le gusta realmente es un monólogo."

Estaba aprensiva y deseaba fervientemente que Cirilo no fuera así, como la tía.

– No te sorprendas con la señora Eleonora – dijo Sônia –. Ciertamente no te molestará y apenas la verás, a menos que pase algo que no le guste. Es una buena persona, todos los empleados gustan de ella. Bueno, tienes unas cuantas horas libres, pero yo no. Nada te impide conocer la mansión, excepto por esta parte, por supuesto. Deberías venir aquí solo cuando te inviten. Puedes visitar todos los ambientes de la casa, algunos están cerrado y con los mueble cubiertos, porque se usan poco. Puedes mirarlo, pero no muevas mucho.

Bajaron las escaleras, Sônia se despidió con la mano y se fue a otra parte de la casa. Ana tenía curiosidad por conocer la mansión, era la primera vez que estaba en una casa tan grande. Subió las escaleras que conducían al ala donde estaba su habitación. Las escaleras daban a un corredor muy grande, solamente en al fondo había un gran ventanal con vidrieras de colores. Fue a la ventana y la abrió, entró un viento fuerte y frío. Desde allí vio el techo de la parte de la mansión que era una casa de dos pisos, donde se ubicaban la cocina y el comedor. Vio el camino que iba al pueblito. Cerró la ventana y examinó el pasillo, que era ancho y tenía una alfombra roja. Contó las puertas, siete. Su habitación era la tercera después de la escalera. Abrió una por una las puertas de las habitaciones que eran todas iguales, con el mismo tipo de mobiliario y decoración. Cinco de ellas tenían sus muebles cubiertos con telas marrones. Solo el primero estaba ordenado y encontró un libro de leyes en la cabecera de la cama con el nombre de la Dra. Janice.

"Ella también se hospeda en esta sala", murmuró suavecito. Bajó las escaleras y fue a la parte que no tenía el piso de madera. La sala que tenía la escultura dorada conducía a una pequeña salita, con solo puertas, sin muebles ni adornos; Ana la conocía, había ido a desayunar allí por la mañana, pero como estaba ansiosa no se dio cuenta bien. Entró en la despensa donde los empleados como ella tomaban sus comidas. Doña Eleonora usaba el comedor. Examinado la despensa era enorme, una gran mesa con varios asientos estaba en el centro. El mobiliario era oscuro y un enorme cuadro de la Santa Cena adornaba la pared central. La despensa tenía tres puertas. Ana abrió la primera, daba a una gran porche cubierto y un huerto con muchos árboles. Volvió a la copa y abrió la segunda puerta, vio una inmensa cocina que podía ser del tamaño de su casa. No había nadie, cerró y abrió la otra puerta. Era un sala de estar grande y con pocos muebles, sillas viejas y en las paredes hermosa pinturas de paisajes. Esta habitación también conducía al balcón que Ana ya había visto. Quería ir al huerto, pero hacía mucho viento y frío. Regresó a la habitación con muchas puertas. Abrió otra puerta y vio una escalera que bajaba al sótano. Estaba oscuro, encendió la luz, bajó y vio un pasillo con algunas puertas, abrió una de ellas y vio que eran dormitorios sencillos.

"¡Qué casa! ¡Llena de dormitorios!" – Exclamó y su voz le pareció aterradora en ese lugar silencioso. Entró en una de ellas, las habitaciones daban solo a la parte trasera de la mansión. Abrió la ventana y vio que esa parte era realmente en el sótano de la casa, conducía directamente al establo. La habitación estaba muy sucia, hacía muchos años que no se limpiaba allí. Tenía muchas telarañas y los muebles eran pocos, una cama individual, un armario y una cómoda. Cerró la ventana, se asustó, y ahogó un grito.

–¡Ay!

Era un ratón que había pasado frente a ella. Salió rápido de allí. El fuerte olor a humedad la enfermaba. Ana volvió al salón y abrió las otras puertas, una conducía a la cocina, otra al comedor. Prefirió volver a la sala de esculturas. Fue al frente de la casa, entró y pudo examinar todo; la parte delantera tenía balcón, jarrones con plantas la adornaban, y había algunas bancas. Admiró el jardín, todo muy bien cuidado y con muchas plantas. Y allí estaba la hermosa piedra gris, justo en medio del jardín. Fue entonces cuando vio la torre. Una construcción enorme, alta, redonda, de piedra, imitando las torres de castillos europeos. Parecía tan fascinada con la torre que ni siquiera sintió frío. La torre estaba en el esquina del jardín a la izquierda de la casa.

"Qué lugar ¡interesante!"

Regresó a la sala de estar, tomó el pasillo de la izquierda y se encontró con una gran puerta. Ese parte de la casa estaba amueblado con muy buen gusto y lujosamente. Abrió la puerta, era la biblioteca. Ana miró todo rápidamente, cómodos sillones, sofás ricamente tapizados en beige y grandes alfombras verdes. En las paredes, librerías acristaladas y un gran colección en libros. La claridad llegaba desde los vitrales de las ventanas. Hermosos candelabros adornaban el techo.

Cerró esa puerta y abrió la segunda en el pasillo, era una sala de juegos. Mesas de diferentes tamaños y tipos, decoradas en verde y beige, estaban esparcidos por la habitación. Fotografías deportivas adornaban las paredes. Ana sintió que si miraba hacia la izquierda, vería un cuadro que representaba a la caza en un zorro.

Miró lentamente y sintió mariposas en el estómago. Allí estaba la pintura. Una amazona y tres caballeros con perros acechaban a un zorro asustado.

– "No me gustan las cacerías, ¡pero esta pintura es muy hermosa! ¿Cómo será que adiviné? Yo nunca vine aquí y parece que conozco bien esta sala."

Tenía la certeza de nunca haber estado a esa mansión, pero parecía conocer todo, hasta en detalle.

Permaneció allí mirando el cuadro por minutos, se sintió atraída por la tela. Otros cuadros también eran bonitos. Tuvo ganas de quedarse allí contemplando el cuadro toda la mañana, se esforzó para salir de allí.

– "Extraño, no me gustan los juegos, pero me gusta esta sala, parece que ya pasé buenos momentos aquí – dijo Ana suavemente escuchando tu propio voz –. Debo detener esta costumbre, si me escuchan, con razón pensarán que no estoy bien mentalmente."

Volvió al pasillo, abrió la tercera puerta, era una oficina grande, con tres escritorios. Los muebles eran todos oscuros, alfombras muy caras, en un rincón un pequeño bar y una estantería con libros. Solamente dos hermosos cuadros decoraban las paredes de color beige pálido. Notó que la pintura era reciente, como en muchas partes de la mansión, especialmente en el exterior. Llegó cerca de un escritorio que tenido dos portarretratos. En uno estaba la fotografía en un mujer rubio de cabello corto. Leyó la dedicatoria:

– *"A Raimundo con amor, Nancy."*

En el otro, estaba el retrato de un chico sonriente.

– *"Al papi Rai, besos Cirilo."*

– "Este debe ser el escritorio del sobrino de doña Eleonora, estos deber ser los retratos de la fallecido esposa y del hijo" – pensó Ana.

Doña Eleonora era la tía abuela de Cirilo, o sea, la tía de su padre, el Sr. Raimundo, que era viudo. Miró bien la fisonomía en su alumno y le gustó.

Salió, cerró la puerta y sintió un fuerte impulso de volver a la biblioteca. Entró y cerró la puerta, miró los estantes como si conociera bien a todos sus libros. Abrió la puerta de cristal de una estantería a la izquierda de las ventanas, miró con fascinación un libro grueso con una cubierta beige, leyó el título en voz alta: *"Latín para estudiosos."*

Éste libro estaba en la segunda estantería comenzando a contar de abajo hacia arriba y era el primero en la esquina. Lo tomó, no quería salir, jaló y el libro vino hacia su mano, le dio una ojeada, pero no se interesó por él.

"No, no es el libro que me atrae."

Lo puso en su lugar, lo encajó a la izquierda, luego dos veces por la derecha, después, empujó hacia atrás. Permaneció mirando la estantería como hipnotizada. Las dos partes de ella se movieron como una especie de puerta, se alejaron de la pared y se abrió. Aterrorizada, miró por el hueco de la pared, vio un pequeño espacio con una escalera de algunos escalones que conducía al subsuelo y luego a un corredor. Con mucho miedo, tomó el libro otra vez e hizo el mismo proceso solamente que esta vez tiró hace adelante y la estantería lentamente volvió a su lugar.

Se llevó las manos a la cabeza, temblando. Quería llorar, pero se controló, respiró hondo, tratando de calmarse. Salió de la biblioteca rápidamente, se fue por tu cuarto no queriendo ni conocer el lado derecho de sala de la escultura que todavía no viera. En su habitación, comenzó a refunfuñar como siempre, toda afligida.

– "Dios mío, ¿cómo podría haberlo sabido? ¿Cómo me las arreglé para abrir la librería? ¡Tomar un libro antiguo y encima en Latín! ¿Será todo coincidencia? Parece que yo sabía, pero ¿cómo? Creo que este aire misterioso de la mansión está metiéndose con mis nervios."

Ya no tenía ganas de salir de la habitación, estaba tan nerviosa y distraída que se olvidó de la hora de la comida. Sônia vino a llamarla.

– Lo siento, Sônia, olvidé el almuerzo. voy a prestar más atención a hora.

Sônia sonrió amablemente y Ana la siguió hasta la despensa. comió poco, no tenía apetito. Cuando terminó, la criada salió de la cocina y le dijo:

– Ana, si quieres quedarte en la sala, está lista. Es rico descanso en ella.

– Gracias, pero yo prefiero ir a mi habitación, pronto yo debo ir reunirme con Cirilo. Sônia, he estado caminando a través de mansión. Vi muchos dormitorios en el sótano. ¿Alguien los usa?

– Parece que fuiste a todos los rincones de la casa – se rio la joven –. Nadie va allí. Esta finca era del padre de doña Eleonora, cuando murió ella y el hermano la heredaron. El señor Eurico, hermano de nuestra patrona también falleció y su parte fue para el señor Raimundo, padre de Cirilo. Antiguamente se solían dar grandes fiestas en esta mansión, esas habitaciones eran para los sirvientes extras, para los sirvientes del huésped y para algunos esclavos. A Doña Eleonora no le gustan las fiesta y raramente recibe a pocos amigos. El sótano estaba cerrado y ni se abre para limpieza.

– Sônia – preguntó Ana con curiosidad – las ruinas que vi desde mi habitación eran de la senzala?

– Sí, esta granja tenía muchos esclavos. La senzala no se ha conservado y terminó decayendo. No hay nada aquí, excepto las ruinas que te recuerdan el tiempo de la esclavitud. Si vas a tu habitación, espérame y pronto iré a buscarte para que conozcas a Cirilo.

Sônia, con muchos quehaceres, se despidió y Ana volvió a su habitación, esperando emocionada para conocer a su alumno, no se sentía bien, estaba inquieta y nerviosa.

A la hora señalada, la criada llamó a la puerta. Ana estaba lista esperando, trató de calmarse, la escena en la biblioteca no podía salir de su mente. Siguió a Sônia, bajó las escaleras, contornearan una pared y subieron a otra escalera. En la cuarta puerta Sônia tocó y en luego se escuchó un voz infantil.

– ¡Entren! ¡Entren!

Las dos entraron y frente a una mesa de estudio, en la sala de su habitación, estaba sentado Cirilo. Parecía tener unos once años, estaba vestido con una túnica azul oscura. Ana rápidamente observó todo. La salita era parecida a la del cuarto de doña Eleonora, pero en las paredes había muchos cuadros modernos, que deberían ser del gusto del niño, ellos eran sobre deportes, caballos, y había uno enorme, representando un tren, todos de vistosos colores.

Cirilo también la miró, examinándola. Era un chico de facciones normales, solamente se destacaban los ojos, eran bonitos, grandes y soñadores. Cuando Ana estuvo frente a él, extendió su mano saludándola.

– ¡Buenas tardes, señorita Ana Elizabeth! – Placer en conocerla.

– Buenas tardes, Cirilo. Gracias.

Sônia salió y Ana se sentó al lado del chico.

– Prefiero que me llame de Ciro, pero solamente haga eso cuando estemos a solas. A la tía no le gusta. ¿Yo cómo debo llamarla?

– Ana. Ahora vamos a ver lo que sabes del francés y del inglés para que empecemos nuestras clases.

Le hizo algunas preguntas y pronto dio cuenta que Cirilo tenía poco conocimiento; lo pasó entonces a ejercicios escritos para evaluarlo mejor.

– Sé que estoy retrasado. Es porque tener he faltado mucho a clases. Cuándo me cure, volveré a estudiar enseguida y asistiré a alguna universidad.

– ¿Qué pretendes estudiar?

– No lo sé, pero todos, o casi todos en nuestra familia estudian, no sé por qué. Pero estudiar, hace parte de nuestra educación.

Eran casi las cuatro cuando terminaron los ejercicios.

– Ana – él dijo Cirilo –, que quiere decir...

La profesora sonrió – era una expresión en inglés – y le tradujo:

– Castillo obsesionado.

– ¡Entonces es eso! Sabes, siempre sueño con un anciano, vestido a la moda antiguar que me dice eso. Cuando esta casa era construido, su constructor quiso que fuera un castillo. Aquí pasan cosas extrañas, esta vieja mansión tiene sus misterios. Cuando mi madre estaba viva no venía aquí, entonces cuando ella murió, yo venía poco. Pero me enfermé y papá, necesitando viajar, me dejó aquí con la tía. Me estoy recuperando de un resfriado, pero cuando me sane quiero hurgar en cada rincón de esta casa. Ana, ¿no quieres tomar té conmigo? Creo que es tan desagradable tener que tomar mi refrigerio solo.

– Por supuesto, es un placer.

Cirilo tocó un campana y pronto Sônia vino a verlo.

– Sônia – dijo el niño – por favor tráeme el almuerzo con el de Ana, almorzaremos juntos.

Sônia salió y Ana preguntó curiosa:

– ¿Cómo Sônia escuchó la campana? – El chico se rio.

– Bueno, es solo que era mi hora de la merienda y se suponía que ella estaría al final del pasillo esperando que la llamara. Si ella estuviera en otra parte de la casa no escucharía. Por la noche si me siento mal, es la tía la que escucha desde la habitación de al lado y viene a verme. Sé que debe haberte dicho que si necesitas algo, deberías tirar del cordón o tocar el timbre, pero eso es solo cortesía. Si realmente lo necesitas es mejor gritar o correr.

Cirilo hizo un descanso, suspiró y volvió los hablar.

– Me siento solo, siempre estoy solo. Mamá murió hace seis años. Papi lleva una vida de soltero como dice la tía. Gobernantas, solo gobernantas, pero estas están empleadas y nunca me hacen compañía. Aquí, no tengo ni amigos, la tía es agria como el limón. Aquí también estoy solo.

– ¿Te gusta mucho tu papá? – Ana preguntó con dolor por Cirilo.

– No, no me gusta – el respondió el chico en silencio.

Sônia trajo el almuerzo en una bandeja grande y los dos comieron bien. Cirilo tenido razón, bocadillo en compañía era mucho más agradable. Finalizando, ellos dos ya eran grandes amigos.

– Ciro, ¿cuando vayas a husmear por la mansión me dejas acompañarte?

– Por supuesto, creo que es bueno tener compañía. Nos vamos a divertir.

Ana no estuvo de acuerdo. La mansión le daba miedo, pero sonrió. Aunque tenía miedo, el deseo de husmear todo era enorme. Todo allí la fascinaba. Cuándo Sônia vino búsqueda la bandeja,

Ana se fue a su habitación donde esperó la cena, ya no quería atrasarse. Mientras esperaba, preparó la lección para el día siguiente. Recordando el incidente en la biblioteca y se estremeció, no podía olvidar, parecía que solo estaba ahí para eso. Hasta quiso decírselo a Cirilo, pero temía pasar por curioso. Descubrir un pasadizo secreto justo después de llegar a la mansión podía parecer extraño, por cierto era muy extraño.

Bajó a cenar y una señora vino a atenderla.

– Buenas noches, soy Elizete, la cocinera.

– Buenas noches – respondió Ana sonriente.

Elizete era robusta, de mediana edad, parecía ser muy sencilla. Colocaba la cena en la mesa de manera perfecta. Luego en algunos segundos en silencio Ana preguntó:

– ¿Y Sônia?

– Sônia trabaja temprano y ya es tarde, difícilmente está aquí por la noche. Ella es soltera, le gusta en tener las noches libres.

Elizete, aunque cortés, respondió secamente, demostrando que no era de hablar mucho. Salió y Ana comió. La cena fue muy deliciosa y, cuando terminó, Elizete apareció cómo si supiera que ella había terminado.

– Tu comida es deliciosa – dijo Ana, tratando de ser agradable –. Cocina como un hada.

La cocinera sonrió gustando del elogio y preguntó:

– Y a ti, ¿te gusta aquí? ¿Te gustó el pequeño Cirilo?

– Me gustó, solo estoy encontrando extraña la soledad. Todo tan grande para poca gente. Cirilo es un amor, ni parece enfermo. ¿Qué es lo que él tiene que lo priva de atender al colegio con otros niños de su edad?

Elizete, que retiraba la cuchillería de la mesa y los colocaba en una bandeja, permaneció otra vez sería.

– Si usted no lo sabes, no seré yo que se lo cuente. A nuestra patrona no le gusta la gente indiscreta. Si quieres saberlo, pregúntaselo a ella. ¡Buenas noches!

Ana el respondió al saludo sin mucha gracia, volvió a su habitación.

No se oía ningún sonido en la casa, solo sus propios pasos.

– "Qué será lo que Cirilo tiene? Parece debilitado para su edad. Yo pensé que él tendría alguna deficiencia, pero es perfecto. De diferente solamente las manchas rojizas, pero ellas pueden ser del resfrío. No entiendo por qué privar al chico del colegio y aislarlo en este lugar.

¡Gente rico tiene cada una! ¡Cirilo se queja que está solo, pero en esta casa todos están solos."

Para para ver si pudo distraerse, tomó a Desde Tres libros que trajo por leer.

– "¡Voy a leer mucho aquí! – Suspiró y recordado otra vez el incidente de la biblioteca –. Sí, tener mucho que leer."

La Mansión de la Piedra Torcida era a misterio, pero iría a desentrañarlo y con los ayuda en Cirilo.

– "Cirilo, Ciro, que tendrás tú, amigo mío? ¿Qué misterio además envuelve tu salud?"

III
EL SUEÑO

Ana se puso a leer un poco, aun era temprano, pero se acostó y luego se quedó dormida.

Soñó... su sueño fue tan nítido que le resultó difícil, cuando despertó, saber si fue un sueño o si realmente había sucedido. Su corazón latía rápidamente, tomó unos minutos para calmarse y solo entonces miró el reloj, eran las dos y cincuenta minutos de la madrugada. Permaneció despierta recordando el sueño con los ojos abiertos, con la habitación bajo la luz tenue del lámpara de noche.

Soñó que estaba vestida a la moda antigua, un vestido largo y armado, azul y verde. Estaba bien arreglada, con el pelo recogido en la parte superior de la cabeza y los rizos caen sobre los hombros. Llevaba hermosos aretes de piedra azul con brillante que llegó hasta el cuello. Tenía una alianza de casada que miró con desprecio.

Estaba en su habitación, pero no en el que estaba ahora, era otra ubicada en el ala principal.

Después de comprobar que estaba bien, bonita, ella salió de la habitación con pasos rápidos y se dirigió a la biblioteca. Allí, abrió la librería, tomó el libro en Latín y abrió el pasaje secreto. Tomó una lámpara de petróleo y la encendió. Entró en el hueco del muro, del lado del interior, se valió de un mecanismo existente en el lado derecho, era una pequeña palanca, forzó hacia abajo y el estante se cerró. No tenía miedo, parecía que siempre hacía este camino. Bajó las escaleras y llegó a una pequeña habitación que tenía dos puertas. Miró con indiferencia a la que conducía a otro corredor, caminó por minutos, el corredor terminaba con otra escalera, solo que esta era solo unas pocas escalones y hacia arriba. Desde las escaleras empujó una losa y pronto apareció un hueco, por donde pasó rápidamente, cerrándolo. Apagó la lámpara y la dejó allí. Estaba en una gruta bien cuidada y miró hacia el hueco por el que había pasado, detrás de un pequeño altar. Asegurándose que no había nadie allí, dio un silbido y luego escuchó otro similar. Pronto vio una figura que se acercaba, era de un hombre, corrió hacia él y se arrojó en sus brazos. Luego volvió, abrió el hueco detrás del pequeño altar, encendió la lámpara, cerró el paso y volvió rápidamente siguiendo el mismo camino. Abrió solo un poco el pasaje de la biblioteca y se aseguró que no había nadie, lo abrió, pasó rápidamente, cerró el paso y apagó su lámpara. Fue rápidamente a su habitación, al entrar, suspiró.

– "¡Él no llegó!"

Al despertar, Ana se miró en el espejo y permaneció impresionada al recordar la fisonomía de la mujer en el sueño. Era muy parecida a ella, solo que más delgada y el cuello más largo, labios delgados, ojos verdes cínicos y una sonrisa amarga. Sabía que era ella, estaba segura que era ella.

Ana era bonita, clara, cabello castaño, corto, y ojos marrón verdoso. Estatura promedio y delgada.

– "Todo esto porque me impresionó el pasaje secreto en el biblioteca. Los sueños son tonterías, no yo debo quedarme perturbada" – dijo aborrecida.

Se preguntó:

– "¿Cómo encontré el pasaje? ¿Por qué este sueño es tan nítido que parecía que recordaba algo que hice? ¿Por qué, aunque un poco diferente, sentí que yo era la mujer vestida a la moda antigua caminando por el pasaje secreto? ¡Qué tal sueño!"

Estaba inquieta, nerviosa y tardó un poco para volverse a dormir. El reloj la despertó, Ana despertó, se levantó y se preparó para la clase. Bajó para el desayuno. Sônia la acompañó a la habitación de Cirilo. Al pasar por la puerta de habitación con la que había soñado, no se contuvo y preguntó:

– ¿Estos dormitorios permanecen vacíos? Éste de aquí, ¿alguien lo ocupa?

– Allí, llamada la habitación de la izquierda, nadie lo ocupa. Doña Eleonora, cuando era jovencita, lo ocupó durante unos días, después de lo cual nunca más fue ocupado. Dicen que está embrujado, pero ahora no se ve nada extraño en él, además nadie lo ocupa, cuando tenemos visitas, se da preferencia a los otros.

Se detuvieron en el pasillo, frente a la citada habitación. Sônia habló en voz baja, hizo una pausa y verificó si no eran observadas y continuó:

– Doña Eleonora, cuando ocupaba esta habitación, escuchó gemidos y vio un mujer, joven y hermosa, que le pidió ayuda porque estaba sufriendo. Ella la reconoció como uno de los miembros de su familia. Aterrada no volvió a la habitación.

– ¿Quién es esta joven mujer que asustó a Doña Eleonora?

– Era una pobre muchacha que se casó con un antepasado suyo, murió sin tener hijos.

Ana estaba asustada, pero sintió una voluntad irresistible en saber más sobre el tema y preguntó otra vez.

– Sônia, ¿tú crees en fantasmas?

– Yo creo, y ¿tú?

– En otro tiempo y lugar respondería que no, pero ahora, aquí...

Sônia llamó a la puerta del dormitorio de Cirilo y él le pidió que entrara. El muchacho ya estaba esperando. Ana, mirándolo, vio que no estaba bien, tosiendo y estaba jadeando, su resfriado había empeorado. Dio su clase, pero antes que terminara el hora, Cirilo se quejó:

– Basta Ana, hoy no estoy bien, tengo mucho dolor de cabeza. El Dr. Bernardo vendrá a visitarme pronto. La tarde, si no estoy dispuesto, no tendremos clases. Tú pareces abatida. ¿No estás bien?

– Tuve un sueño extraño. Soñé con esta habitación embrujada y una mujer joven y encantadora vestida a la moda antigua.
¿Victoria?

– ¿Quién es esta Victoria?

La joven profesora se estremeció, Victoria le pareció un nombre familiar; tan suyo como Ana.

– Hasta donde yo sé, ella era la esposa de un miembro de mi familia. La tía Eleonora la vio cuando era joven, por eso prefiere que nadie ocupe esa habitación. Dicen que esta Victoria tenía la manía de hablar sola y por eso el marido descubrió que ella lo estaba engañando. He visto su retrato en el pasillo de la galería, solo que no le presté atención. Allí hay muchos retratos. ¿Tú ya fuiste allí?

– No.

– Ni podrías, está trancado. Esta en la parte derecha de la mansión en el primer piso. Cuando me recupere, te llevaré allí. Sé dónde está el llave.

– ¡Quiero ir!

– Creo – comentó Cirilo feliz – que encontré compañía para andar por toda la casona.

– Ciro – dijo Ana –, ¿aquí cerca hay una gruta con un pequeño altar?

– ¿Cómo lo sabes? Está detrás de la mansión. Desde tu habitación se pueden ver los árboles que la rodean. Es un altar a Nuestro Señora del Rosario. Ya fui allí cuando chico, hace tiempo, pero lo recuerdo bien.

La profesora sonrió y bromeó, para ocultar el miedo que sintió.

– ¿Cuando chico, ¿eh Ciro?

– Sí, ahora estoy más grande – habló hinchando el pecho –. Pero respóndeme, ¿cómo te enteraste de la gruta? Nadie por aquí parece apreciar ese lugar.

– He oído hablar – respondió Ana, simplemente.

Ciro no insistió, se sentía cansado y se fue a acostar. Elizete le trajo el té con el medicamento. Ana fue a su habitación, abrió la ventana y miró bien hacia afuera, vio los árboles. Quiso visitar la gruta, se arropó y salió de la habitación. Pero, como no sabía cómo ir a la parte de atrás de la casa, usó la entrada principal y pronto descubrió el garaje que era cubierto, largo y daba salida para los fondos. Pasó por ella y dio con el patio. Pronto, después del patio, estaban los establos del lado derecho, a la izquierda vio un portón que daba a las casas de los empleados. Detrás de las casas, una huerta y, del otro lado, una crianza de animales, con aves y cerdos. Caminó por los establos, del portón vio a un hombre cuidando de algunos caballos. Observó curiosa, eran animales hermosos y fuertes.

– ¡Buenos días!

Un hombre se volteó lentamente, girando a la derecha, sin mirarla. Siguió de lado, dio unos pasos y ella se dio cuenta que era el hombre que la trajo de la estación. Curiosa intentando ver su rostro, pero el hombre le dio nuevamente la espalda y el respondió secamente:

– ¡Buenos días!

– Soy Ana Elizabeth, la profesora de Cirilo. Me gustaría ver los animales, ¿puedo entrar? ¿Puedo abrir el portón? ¿Cómo se llama usted?

El hombre continuó su trabajo de espalda al portón y a ella, respondiendo sin mucha voluntad.

– Me llamo Rodolfo. Perdón, señorita, pero aquí solamente se entra con el permiso de los dueños de casa.

Se levantó y parar ir a los fondos, dejándola allí, mirando. La joven suspiró y salió al patio, caminó hacia la puerta que conducía a la casitas, cuando oyó:

– ¡Señorita! ¡Buenos días!

Vio salir a un muchacho de una de las casas, atravesó la puerta y se acercó a ella, sonriente contento.

– Soy Michel, el hijo de Juan, el jardinero. ¿Usted es Doña Ana, la profesora?

Ana sonrió, hasta que por fin una persona agradable. Michel era bonito, ojos grandes y vivaces, con el pelo rojizo y una sonrisa encantadora. El respondió sonriente también.

– Soy la profesora, sí, mucho gusto en conocerte. Solo llámame Ana, por favor. A ti, ¿te gusta aquí?

– Sí – respondió el chico –. Siempre viví aquí. Mi madre murió cuando yo era un bebé, vivimos allí mismo, mi padre y hermana que tiene dieciocho años. Yo tengo diez años. Y a usted, ¿le está gustando?

Ana afirmó con los cabeza. Su afirmación era sin convicción.

Instintivamente abrazó al chico que se dejó abrazar, como si fueran viejos conocidos. Sintió amar a aquel chico.

– ¡Michel! ¿Dónde estás?

Ellos se separaron. Una joven salió en la puerta de la segunda casa y gritó por el chico. Era una chica bonita, con el pelo largo y negro, y una sonrisa simpática igual a la del hermano.

– ¡Aquí! – Gritó Miguel. La joven vino al encuentro de los dos –. Esta es Ana, la profesora de Cirilo – dijo mostrándole a su nueva amigo –. Esta es mi hermana Eliane.

– Encantado – dijo Ana extendiendo la mano, respondiendo al saludo en Eliane.

– Ahora vamos a tener que salir – explicó Eliane –. Tendremos mucho tiempo para conversar. Ana, venga a visitarnos. ¡Hasta pronto!

Los dos salieron y Ana regresó a su habitación, pero sintió una enorme voluntad en regresar a los establos.

– "Volveré en otro momento, y le pediré permiso a Ciro."

Gruñó y sintió un escalofrío al recordar lo que le había dicho Ciro:

– "Victoria, el fantasma, tenía la manía en hablar sola."

Solamente cuando llegó a su habitación, Ana se acordó que no fuera a la gruta.

– "Mí paseo a la gruta quedará para otro día – pensó –. Le pediré a Michel para llevarme allí. ¡Qué hermoso chico! Siento que lo amo. Pero ¿cómo, si lo conocí hoy día?"

Sentía que lo conocía bien, conocimiento de mucho tiempo. El sueño todavía la molestaba. ¡Pareció tan real! Pronto sería la hora del almuerzo, bajó y se alimentó.

Luego subió a su habitación y preparó las clases. En la hora prevista fue a la habitación de Cirilo. Lo encontró en la cama y Sônia haciéndole compañía.

– Ana – dijo el chico –, no tendremos clases hoy. Estoy con fiebre, tómate el día para pasear. Mañana, si estoy mejor, continuaremos nuestro estudio.

– Gracias Cirilo, espero que sanes pronto. Quiero pedir tu permiso para conocer los establos. Rodolfo dijo que no se puede entra allí sin permiso.

Sônia y Cirilo se rieron y el chico respondió:

– Es una precaución de Rodolfo, la orden es para no dejar entrar a extraños, pero usted es mi maestra. Vaya allá cuando quiera y dígale que yo la autoricé.

Cirilo era jadeante. Ana se despidió y salió a conocer los establos.

Pasó por el garaje y pronto llegó al patio. Frente al establo, llamó con aplausos y, al no ver a nadie, abrió la puerta, dio unos pasos con cautela y, en de repente, se vio de frente con Rodolfo. Gritó asustada.

Rodolfo tenía en el lado izquierdo de la cara, a la altura de las cejas, una fea y enorme cicatriz, no tenía el ojo izquierdo y el párpado estaba pegado, formando un agujero. La cicatriz enrojecida le llegaba hasta los labios; en eso día su apariencia era aun peor, su barba no estaba afeitada, usaba una camisa negra de cuello alto y su cabello estaba despeinado. Rodolfo también se sobresaltó por los gritos de Ana y en ese momento no supo qué hacer. Michel vino corriendo, sostuvo las manos de Ana y explicó:

– Ana, este es Rodolfo, mi amigo.

La joven se avergonzó y trató de disculparse al ver al muchacho aborrecido.

– Lo siento, me asusté por nada. Quería ver los caballos, aplaudí, nadie contestó, entré y me asusté como una tonta.

– No necesita pedir disculpas – respondió Rodolfo –, doy miedo los todos.

– No a mí – corrigió Michel –. No te molestes, Rodolfo.

– Por supuesto que no da miedo – dijo Ana –, que disparate. Yo pensé que no había nadie aquí.

Rodolfo la miró con resentimiento y Michel jaló a Ana por la mano, hacia afuera de. En el patio, ella explicó a su nuevo amigo.

– Michel, no quise gritar, solamente me llevé un susto. No imaginé...

– Rodolfo es feo, pero es mi mejor amigo – agregó Michel con afecto –. Me gusta como un hermano. Seguramente estará molesto, pero se le pasará pronto.

– Me asustaría de cualquiera que se presentara por allí – dijo Ana –. Pero, ¿qué fue lo que le pasó par que se quedase así?

– Bueno, ha pasado un tiempo. Rodolfo me lo contó. Sentémonos aquí, en esta banca.

Se sentaron en una banca de piedra, en el balcón que daba hacia el frente de la huerta.

Estaba frío, pero Ana, curiosa por saber lo que ocurrió, ni lo sintió. Michel con su manera sencilla narró la historia de Rodolfo.

– Rodolfo tuvo una enfermedad infantil cuando era un bebé, tardaba mucho en caminar y, cuando lo hizo, comenzó a cojear. Sus padres murieron cuando él aun era pequeño, se fue a vivir con una tía que murió el año pasado. Siempre vivió aquí y es muy aficionado a los animales, especialmente a los caballos, de quienes cuida con mucha dedicación. Pero fue en un accidente con ellos que Rodolfo tiene esta cicatriz en la cara. Esto sucedió cuando tenía catorce años. Los establos en esa época eran viejos. Doña Eleonora tenía un hermano, el señor Eurico, que bebía mucho. Esa noche estaba borracho y vino al establo y, por descuido – esto se dedujo porque nadie sabes a ciencia cierta lo que sucedió –, dejó caer la lámpara sobre la paja y el fuego se propagó rápidamente. Rodolfo vivía con su tía en la primera casa, después del portón, y vive allí hasta hoy, solo que ahora vive solo. Se despertó y llegó corriendo al establo, gritó y todos corrieron. Rodolfo, queriendo salvar a los animales, entró y abrió la puertas salvando a los caballos. Pero un listón cayó del techo sobre su rostro. Joaquim, un viejo empleado, fue quien lo sacó de allí. Sus heridas sanaron, pero quedó la cicatriz. Doña Eleonora lo llevó al médico en gran ciudad, dijeron que podría operarse para mejorar su rostro. Doña Eleonora dijo que se lo iba a llevar, pero pasó el tiempo y nadie dijo más nada. Creo que es porque esta cirugía es muy cara. En el fuego, el hermano de la Doña Eleonora murió; encontraron su cuerpo todo quemado.

Michel suspiró al finalizar su narración. Luego en un instante en silencio, él escuchó a la joven decir:

– Me avergüenzo de haberme asustado. Pero alguien podría haberme prevenido. ¡Pobrecito el muchacho!

– Tú no lo podías imaginar – la consoló Michel.

– Rodolfo vive solo, ¿él es soltero?

– Sí. Rodolfo es callado y muchos lo encuentran extraño. No creo, me gusta mucho como es. A él le gusta mi hermana Eliane, pero a ella no le gusta y está saliendo con Pedro, un muchacho que vive en la ciudad.

Ana hizo una mueca, se enojó porque a Rodolfo le gustaba Eliane, una sin gracia, que hasta minutos antes le parecía hermosa. Extraño. ¿Por qué pensaba que era malo? Acababa de conocerlos. Pero sentía que Rodolfo no podía amar a Eliane.

– Me tengo que ir, Ana – dijo Michel –. Aquí está frío y necesito estudiar.

– También voy a entra, voy a mi habitación a leer. Adiós.

– Adiós.

Ana se levantó, pero no se movió, siguió mirando a Michel que iba a su casa.

– "También debo entrar" – pensó Ana.

Caminó en dirección al garaje. Descubrió que el garaje tenía un pasaje que conducía a la habitación con las muchas puertas, acortando el camino.

También podía pasar por la cocina, pero Sônia le dijo que a Elizete no le gustaba que pasasen por allí, entonces pasó a hacer ese trayecto a través del garaje. Pero, en el patio, cambió de rumbo, sintió una fuerte voluntad de regresar a los establos y ver a Rodolfo.

– Rodolfo – llamó suavemente.

Cuando nadie respondió, abrió la puerta y entró lentamente. No había dio muchos pasos cuando empezó a sentirse mal, todo empezó a dar vueltas, vio el fuego y olió el humo. Sin poder moverme, Ana aterrorizado vio el fuego extenderse en la paja y dos hombres discutiendo, uno más viejo que tomó desventaja y otro más chico que gritó maldiciones. Vio claramente el rostro del joven que sacó una daga y lo hundió fríamente en el pecho del otro. Gritos de "fuego, fuego" hicieron que el asesino corriera hacia los fondos y desapareciera.

– ¡Señorita! ¡Señorita! ¿Qué ocurrió?

– Mmm... – respondió Ana.

Con los ojos muy abiertos, sintió que el aire le faltaba. Rodolfo la sujetaba por los brazos evitando que cayera. Ella miraba todo, confundida, poco a poco mejoró, vio que estaba en el establo y que no había fuego. Rodolfo a miró curioso y con resentimiento. Cuando notó que ella estaba mejor, la soltó y dijo:

– No hay de qué asustarse, soy feo, pero no muerdo. ¿No cree que dos sustos ya es excesivo?

– Discúlpeme, pero no me asusté de usted.

– Soy Rodolfo, nadie me llama de usted. ¿Por qué llamar de usted a un empleado que cuida de los animales? Pero ¿qué ocurrió? Parecía que iba a perder los sentidos.

– Entré aquí para decirle que sentía mucho haberme asustado y para conocerlo mejor, ya que somos colegas, trabajamos en el mismo lugar.

– Con un diferencia, usted Es una profesora, un persona educada y yo un pobre desvalido, un peón; usted es hermosa...

– ¿Realmente lo crees? Gracias – dijo Ana, rápido, interrumpiendo Rodolfo.

– Pero ¿qué fue lo que sintió?

– Estaba entrando, cuando vi el fuego, llegué a quedarme asfixiada con el humo. Vi fuego, ¡lo juro!

Rodolfo empezaba a reír, luego permaneció serio y mirando hacia ella preguntó:

– Fuego ¿a dónde? Aquí no hay fuego.

– No, no lo hay. Pero ¡yo lo vi! También vi a dos hombres discutiendo, la lámpara cayó y comenzó el fuego. El hombre más joven tomó un cuchillo o daga y la clavó en el más viejo. Con los gritos de fuego, el asesino corrió por ahí, por la parte de atrás y ni siquiera trató de ayudar al otro que se retorcía de dolor. No entiendo lo que sucedió. Allí usted me llamó y vi que no había pasado nada.

Rodolfo la miró bien y la joven se estremeció bajo su mirada. Ellos estaban cerca y ella deseó que él la besara. Pero Rodolfo le dio la espalda y comentó:

– ¡Extraño, muy extraño! ¿Cómo es este chico, el asesino? ¿Usted lo reconocería?

– Sí, grabé bien su cara. Y morenos, con anchas patillas, labios gruesos y tener una mancha del lado derecho de los labios.

– ¡Increíble!

Se volteó hacia ella, mirándola bien y balanceó la cabeza.

– ¡Rodolfo, no estoy loca! Es la primera vez que esto me sucede. Creo que la culpa es de esta mansión. Estas viejas construcciones se meten con la cabeza de la gente. No necesitas creer; tuve un mareo, es eso, fue un mareo.

– Yo le creo. Considero muy interesante la visión que tuvo. Yo no entiendo de esto y no sé ni lo que le paso, o que la hizo ver el pasado o las escenas del fuego que hubo aquí. Sí, porque aquí hubo un incendio horrible. Fui el primero aquí cuando se inició el fuego. Dejé salir a los caballos cuando vi caído al señor Eurico, iba a jalarlo cuando se cayó un pedazo del techo encima de mí y me desmayé. Me salvó otro empleado. Cuando se apagó el fuego, encontraron el cadáver del Sr. Eurico. Mi tía y el viejo Joaquim, quien me salvó, vieron que el cadáver tenía un cuchillo en el pecho. Doña Eleonora pidió a los dos que no dijeran nada. Para todos, el señor Eurico, borracho, había derribado la lámpara. Mi tía luego me dijo este detalle, y yo no se lo dije a nadie. Y la puerta trasera que viste existía en el viejo establo.

– ¿Será que vi lo que ocurrió en el fuego? Si lo vi, ¡existe un asesino!

Rodolfo sonrió, cuando él solía sonreír se ponía más feo todavía, su rostro se estiraba y sus labios se torcían.

– Ana, no le diga a nadie más lo que vio aquí. Pasaría como una loca o podría ser peligroso. Y podría venir a conocer al asesino un día, si es quién estoy pensando.

– ¡Virgen María! ¡Puedes decirme que fue lo que me pasó?

– Una visión, supongo. Pero, buenas tardes, tengo mucho que hacer.

Dio media vuelta y salió del establo. Ana quiso contestarle con una grosería, pero murmuró un buenas tardes y también se fue. El aire fresco de la tarde le hizo bien, pero prefirió volver a su habitación, porque sintió un ligero mareo.

Llegando a su habitación, miró a través de ventana y se acordó que había salido además para para conocer la gruta.

– "No hay nada de malo, iré otro día. Le pediré a Michel que me lleve."

El sueño que había tenido con el pasaje secreto y la visión del establo la intrigaban, dejándola nerviosa. Se acordó del asesino.

– "Nunca más olvidaré su rostro frío y cínico. ¡Qué cosa! ¿Será que me estoy enfermando? ¿O es esta mansión la causa de estos disturbios?

Decidió darse un baño y descansar.

IV
<u>EL SALÓN DE BAILE</u>

Al bajar a la despensa, Ana escuchó conversaciones en la habitación contigua. La joven profesora, curiosa, miró con cautela a través de la puerta que estaba un poco abierta. El otro comedor era lujoso, pero no prestó mucha atención, miró quién hablaba. Era Doña Eleonora y un señor alto, que vestido con elegancia, sobriedad, un poco a la antigua. Era rubio y parecía tener unos sesenta años. Ana simpatizó con él. Temiendo ser descubierta volvió pronto a su lugar en la mesa. Pronto fue servida, tuvo ganas de hacerle unas preguntas a Elizete, pero no tuvo valor, recordaba bien la respuesta que le diera la otra vez. Al servirle un postre de sobremesa, escucharon una risa en la sala de abajo y fue Elizete quien comentó:

– Doña Eleonora va a subir con el Dr. Bernardo, seguramente verán al pequeño Cirilo, luego a jugar a las cartas hasta tarde en la sala de juegos. Los dos tienen una amistad muy antigua. Viene aquí mucho, a visitar a nuestra señora y para ver al niño enfermo. El Dr. Bernardo es muy amable, siempre está alabando mi comida. Ahora voy a cenar. Buenas noches, Ana.

– ¡Buenas noches!

Ana se comió rápido su dulce, iba a subir, pero no tenía ganas de quedarse sola en su habitación. Doña Eleonora había subido, Elizete estaba cenando y aprovechó para ver en detalle la habitación o comedor de al lado. Llegó en cautelosamente en sala que estaba encantadoramente iluminada. Riquísimas arañas de cristal adornaban el techo, bellísimas pinturas adornaban las paredes, gruesas cortinas beige y amarillo claro con refinamiento en marrón cubrían las ventanas. .Jarrones de flores y plantas exóticas adornaban la inmensa sala. En el centro, una larga mesa en ébano, sillas en madera con asiento en terciopelo beige. En punta de la mesa todavía estaban los cubiertos de la cena recién servida. Encantada, se acercó, los cubiertos eran de plata, copas de cristal, hermosos platos de porcelana y había un botella de vino francés sobre la mesa que estaba cubierta con un mantel blanco en lino bordado.

– "Todo tan lindo! Está sala de estar estaría mejor con las cortinas verde musgo.

¡Qué idea! ¡Parece que conozco esta sala!"

Ana, curiosa, abrió la puerta de la derecha. Estaba oscuro. Entró y encendió el luz al lado de la puerta y se encontró con una hermosa sala de estar donde eran servidos café o licor después de las comidas. Dos hermosos cuadros adornaban el paredes, cómodos sillones y dos sofás beige sirvieron para el descanso de los invitados. Vio tres mesas con ceniceros grandes y lujosos y, en los jarrones, flores artificiales. Había otra puerta y Ana la abrió; fue para un pequeño jardín con bancas y columpios. El jardín estaba amurallado, alto. Ana recordó haber visto la pared del patio. Cerró la puerta enseguida, porque hacía un frío intenso. La noche oscura mostró que iba a llover de nuevo. Algunas revistas de moda y chismes estaban en un viejo revistero. Se sintió atraída por esa pieza. Se agachó y no se interesó por las revistas, sino por la obra de arte.

– "¡Dios mío, qué belleza! Del otro lado debe estar la figura de la diosa Venus."

Dio la vuelta a la pieza y allí estaba, encantadoramente, la diosa Venus, sonriéndole misteriosamente, dibujado en relieve en el cobre de la pieza, como diciéndole:

"Hasta que por fin tú otra vez para darme valor."

Pasó la mano admirando la pieza y la giró para enfatizar a la diosa.

– "Parece que esta pieza ya fue mía, y que me gustaba mucho.

Recuerdo que me la regaló alguien muy querido. ¡Disparates! Solamente la encontré hermosa."

Puso las revistas en su lugar y murmuró:

– "Sería interesante si pudiera llevar estas revistas a mi cuarto. Pero no puedo llevármelas sin autorización y ahora no tengo a quién pedirlas."

Apagó la luz y salió regresando al comedor, oyó un ruido y se escondió detrás en un cortina. Elizete recogía la cuchillería refunfuñando. Cuando ella salió en dirección a la cocina, Ana suspiró aliviada, salió de su escondite pensando en ir a su habitación. Pero tenía curiosidad por conocer resto de la mansión y abrió la puerta del lado contrario a aquel por el cual había entrado. Llegó a una sala pequeña en comparación con las otras, amueblado con muebles viejos y oscuros, y decorado con grandes cuadros de paisajes. No había sillones ni sillas, lo que demostraba que la habitación era solo para espera. Todas las cortinas eran iguales, de la misma tela, solo que con refinamiento más exquisito: las puntas de las cortinas presentaban bordados en dorado con colgantes de la mismo color.

– "¡Cuántos metros en telas fueron utilizados en estas cortinas! Vestiría a docenas de personas" – murmuró.

De esta habitación pasó a otra de lujo exagerado. Daba a la puerta de entrada principal a la mansión. Grande, con las mismas cortinas que la otra sala de estar. Cuadros encantadores y candelabros en cristal maravilloso, alfombras haciendo juego con las cortinas. Estaba dividido por muebles en tres ambientes. Tenía muchas decoraciones. El ambiente del frente era el más antiguo, con muchas mesitas, sofás y sillones verde y beige. En el fondo, el ambiente más moderno contaba con un pequeño bar con vasos y bebidas. Parecía ser la parte para visitas jóvenes.

En parte delantera de la sala de estar, del lado izquierda, había una puerta grande. Ana abrió y no vio nada. Con la oscuridad no logró encontrar el interruptor de luz.

– "¿De dónde será que se encienden las luces en esta habitación? – pensó –. Pero encender alguien allí afuera podrá ver y se dará cuenta que he estado aquí."

Sin embargo, la curiosidad la atizaba buscado en el oscuro y terminó encontrar dónde encender. La electricidad había sido instalada en la mansión hacía poco tiempo. Los candelabros a vela estaban allí y, también las lámparas eléctricas colocadas en las esquinas, en paredes y arañas.

Era un gran salón de baile. Algunas ventanas daban al frente de la casa, otros a la derecha. En este salón no había muebles. Ana llego cerca de una ventana, con cuidado descorrió la cortina y vio que estaba frente al jardín. Inspeccionó el salón. Al fondo, un piano de cola sobre una tarima de madera y, en el lado derecho, mesas y sillas. El piso era de madera trabajado a mano en cuadrícula, algunos oscuro y otros claros.

Ana examinaba todo con atención, sin conseguir salir del lugar. Se sintió mal. Parecía girar al ritmo de un vals. Se vio toda arreglada, con un vestido rojo, armado, todo bordado y con un gran escote. Vestía muchas joyas. Riendo alegremente, admirada y envidiada por todos los invitados. Sabía que era un éxito. La música, un vals, estaba alta y ella pensaba que la canción era muy hermosa. Se rio alegremente y desairó a sus admiradores. Fiesta lujosa, el salón atestado. Sintió caer en el piso.

Estaba volviendo a la normalidad, se levantó confundida, el pasillo ahora estaba vacío y en silencio.

– "¡Dios mío! ¡Qué cosa tan extraña! ¿Estaré enferma? ¿Cómo puedo imaginar todo esto? Este aspecto anticuado me está enfermando. Parecía que estaba en un fiesta del pasado. ¡Virgen María!"

Debería haber fiestas increíbles en este salón de baile. Ana apagó las luces, cerró la puerta, atravesó la habitación principal y entró en otra. Miró una vez más a los cuadros, y cómo siempre dijo en voz baja.

– "¡Cuántos cuadros! ¡Cuántos candelabros de cristal! Que riqueza en estas piezas antiguas!"

Vio una puerta a la derecha. La forzó para abrirla. Estaba cerrada. Se sintió atraída por esa puerta. Llegó a la conclusión que era la sala cerrada, que Cirilo le habló, la de los retratos. Tuvo un fuerte dolor de cabeza y decidió volver a su habitación. Apagando todas las luces, miró al reloj en sala de estar de escalera, era mucho más tarde de lo que pensaba.

– "Debo haber quedado sin sentido por mucho tiempo. ¿Será que me desmayé?

La mansión permaneció en silencio. Sin hacer ruido volvió a su habitación y pronto se quedó dormida.

Soñó. En el sueño ella bajaba por las escalera e iba directo a la sala que estaba cerrada. Abría la puerta y miraba unos objctos, frente a un cuadro, se asustaba y se tapó la boca con la mano para no gritar. Se despertó con la mano sobre la boca, angustiada. Se levantó y tomó un medicamento para el dolor de cabeza que le dolía terriblemente. Buscado calmarse, se acomodó en la cama.

– "¿Qué será lo que vi en la pintura que me asustó? ¡No me acuerdo! ¡Qué sueño tan extraño!

Sueño es sueño y no debe dársele atención. ¡Debo dormir!"

Pero no pudo volver a dormirse. Entonces empezó a oír voces. Al comienzo parecía ser lejos, poco a poco se fueron acercando. Ana temblaba, tiraba de las mantas, puso la cabeza debajo de la almohada. Nada, siguió escuchando las voces. No podía entender bien lo que estaban diciendo. Oró afligida. Otra vez el silencio. Se acomodó en la cama.

– "Estoy aterrorizado. Las voces son de personas. Alguien debe haberse despertado, levantado y conversado. En esta gran mansión incluso debe hacer eco. En esto silencio cualquier voz parece hacer tremendo ruido. Debo calmarme y dormir. Pero tengo ganas de ir los sala bloqueado. No sé por qué. Aun iré allí."

Ana se sorprendió, nunca había sido tan curiosa. ¿Por qué sería que estaría con tantas ganas de ir a la habitación cerrada? También estaba empezando a preocuparse por su salud. Realmente, estaban sucediendo hechos extraños con ella

Cansada, terminó durmiéndose.

V
<u>LA BANDERA BLANCA</u>

Al día siguiente, temprano, Sônia vino a limpiar la habitación.

– Buenos días, Ana, vine temprano a limpiar esta parte de la mansión.

– ¿Tú sola limpias todo? – Preguntó Ana, queriendo conversar.

– No, Eliane siempre ayuda. Lo hago así, cada día de la semana limpio un parte. Solo las habitaciones de Doña Eleonora y Cirilo limpio todos los días. Los dormitorios cerrados se limpian una vez por mes y Eliane viene a limpiarlos.

– Está noche he oído voces, gente conversando. ¿Hay alojada más algunas persona en esta ala?

Sônia se rio. Bonita, morena clara, cabello largo que siempre la traía en una colita, cuando se reía dos agraciado hoyuelos aparecían en su rostro. Tenía veinte años, era inteligente y agradable.

– No, en esta parte solamente estás tú.

– ¡Extraño! – Exclamó Ana avergonzada.

– Esas voces siempre se escuchan por la mansión. ¿Tú entendiste lo que decían?

– No entendí nada.

– Siempre es así, nadie entiende lo que ellos dicen o lo que ella dice.

Porque parece que destaca una voz de mujer.

– Ellos ¿quiénes? Y está mujer, ¿saben quién es ella?

– Bueno – dijo Sônia balanceando la cabeza –, son fantasmas.

Ana se rio, pero sintió un escalofrío. Hasta hace pocos días se habría reído de estos hechos, pero ahora...

– ¿Será que está mujer es Victoria?

– ¿Cómo conoces ese nombre? – Sônia no esperó por la respuesta y continuó a hablar animada, demostrando que le gustaban esas historias –. No creo que sea ella, nadie la ha visto nunca por aquí, solo Doña Eleonora cuando era niña. De ver fantasmas, nadie los ve, por lo menos no hablan de ello, pero las voces todos los empleados de la finca ya las han escuchado. No es todas las noches, una u otra vez, ellos se hacen escuchar por toda la mansión, en el patio, en el establo y en la gruta. Yo realmente quería escuchar hasta ya dormí en uno de estos dormitorios varias noches para escucharlos. Esto, claro, a escondidas de Doña Eleonora.

\- ¿Y escuchaste algo? – Preguntó Ana curiosa.

\- Después de doce días, escuché. Me levanté y caminé por los pasillos y no pude distinguir de dónde venían. Yo tampoco entendí mucho. Por aquí todos se han acostumbrado, ya ni les importa. Anoche vi luces iluminando y apagando el ala derecha, en las habitaciones y salones.

Ana quiso reírse, pero se contuvo. Las luces había sido ella, pero las voces atribuidas a fantasmas también deberían tener explicaciones. Se sintió aliviada.

\- ¿Y tú limpias esas salas?

\- Eliane y yo los limpiamos una vez por semana. Aquí trabaja Elizete en la cocina y Jovina que lava y plancha la ropa y ha estado lavando la tuya. Cuando tenemos más huéspedes contratamos muchachas en la ciudad. Antes, durante la época del padre de Doña Eleonora se hacían grandes fiestas. Pero ahora nuestra señora vive más retraída, aquí no hay más fiestas. La finca tiene muchos empleados, Mia papá y mis hermanos trabajan en la agricultura.

\- ¿Doña Eleonora tiene hijos? – Preguntó Ana, queriendo saber más sobre la persona que la había empleado.

— Doña Eleonora es viuda desde hace mucho tiempo. Tiene dos hijas, una monja y la otra casada, que vive lejos de aquí y que tener cinco hijos. Ella viene aquí raramente y solo con los niños, porque Doña Eleonora está enemistada con su yerno. Está finca pertenecía a su padre, quien, al morir, la dejó a ella y a su hermano, el Sr. Eurico, que murió en el incendio. El Sr. Eurico era el papá del Sr. Raimundo, y, como es hijo único, esto es todo de ellos ahora. Pero quién se encarga de la administración de la finca es Doña Eleonora, pues el señor Raimundo llega poco por aquí.

— ¿El señor Raimundo solamente tiene a Cirilo?

— Solamente. Su esposa murió cuando Cirilo era pequeño. Dicen que el Sr. Raimundo tener muchas enamoradas. Doña Eleonora querer verlo casado otra vez, pero él solo quiere disfrutar de la vida. Cuando doña Eleonora muera, tal vez vendan los propiedad, porque no tendrán quién cuide de todo esto.

— ¿Y la otra hija, la monja?

— Está en el convento y dicen que está un poco loca. No la conozco. Pero mi madre, sí, porque era criada en la época que Doña Paula todavía vivía aquí. Mamá me dijo que cuando Doña Paula era una niña, se puso enferma y de allí nunca más mejoró. Mi madre dice que ella se hizo un aborto, pero fue escondido; ella sabía junto con los otros empleados; sin embargo, evitaron comentar por temor a Doña Eleonora. Era soltera y muy joven; fue el Dr. Bernardo quién se encargó de ella. Cuando sanó, pasó a tener mucho miedo, Doña Paula no se quedaba sola, dormía en el cuarto de su mamá. Una vez Doña Eleonora tuvo que viajar y mi madre fue a dormir con ella en su habitación. Mamá cuenta y se estremece hasta el día de hoy. Estaban durmiendo, cuando, al amanecer, mi madre despertó con Doña Paula hablando cómo si viese a alguien frente a ella diciendo:

– "¡Déjame en paz! ¡Nada de esto es verdad! ¡Sal de aquí!"

Mi madre se levantó y corrió cerca de Doña Paula, ésta la abrazó y lloraba:

– "¿Qué pasa, niña?" – Preguntó mi madre curiosa.

Doña Paula habló confundida:

– "¡Es esta Alice que no me deja en paz! Siempre viene a decirme que no la dejé nacer y que me odia por eso."

– "¿Quién es Alice?" – Preguntó mi madre.

– "Un antepasado de la familia."

Mi madre la calmado y ella volvió los dormir. Pensó que la joven Paula estaba realmente loca. ¿Dónde se ha visto no dejar nacer a alguien que ha muerto hace mucho tiempo? Pero Doña Paula poco se alimentaba, andaba triste y llorosa. Una día decidió irse al convento.

Sônia no se detenía de trabajar, hablaba poniendo en orden todo, Ana interesado los escuchado con atención. Tuvo pena de Paula.

No era fácil ser perseguido por un fantasma. Se quedaron en silencio durante unos minutos. Luego, Ana volvió a preguntar:

– ¿A ti te gusta aquí?

– Más o menos. Aquí tengo casa, comida y un pequeño salario. Me quedo porque estoy ahorrando para casarme. Mi prometido, Gilberto, vive en la ciudad. Él está prohibido en venir aquí y por eso tengo que ir a verlo en la ciudad.

– ¿Prohibido? ¿Por qué?

– Todos en la región saben de los fantasmas de esta casa. Gilberto es muy curioso, vino a pedir permiso a Doña Eleonora para quedarse aquí y para ver los fantasmas. A ella no le gustó y lo echó de aquí, prohibiéndole entrar en el propiedad. Gilberto terminó intrigado por estas almas en pena y se unió a un grupo espírita. Es excelente, ahora él entiende todo esto, y encara de manera más natural, me dice que para todo esto hay explicación. No voy a las reuniones, pero cuando me case y viva en la ciudad, también quiero ir y entender estos fenómenos.

Cuando me vaya, sentiré falta de los fantasmas – Sônia se rio y continuó –. Ana, esta noche, Juan el jardinero, vio en la torre la bandera blanca. Tenía tantas ganas de verlo. Dicen que cuando volviese la criminal a la mansión, en la torre aparecería la bandera blanca.

– ¿Criminosa? – Preguntó Ana preocupada.

– Esta historia se transmite de boca en boca. Fue un antepasado de la familia que era una criada y que mató a una mujer, su esposa, para casarse con el dueño de la mansión.

– ¡No, no es verdad! ¡Ella no la mató!

Ana casi gritó, se levantó de la silla y, para susto de Sônia, entendió que se había excedido. Dijo después de algunos minutos avergonzada.

– Discúlpame si te asusté. No sé si es criminal, yo...

– No tienes por qué pedir disculpas. Creo que te sorprendieron las voces que escuchado esta noche. Dejémoslo pasar, si la mataron, no es nuestro problema. Pero aquí todos dicen que era una criminal. También dicen que volverá a la mansión, y cuando esto suceda, la bandera blanca aparecerá en la torre. Y Juan vio está noche la bandera allí, estirada, balanceándose al viento.

Ana estaba callada, no sabía por qué defendía a este antepasado de la familia, pero sentía que no había sido criminal ni tan mala como decían. Estaba nerviosa, pero preguntó otra vez:

– ¿Cómo se llega a la torre?

– Juan, el jardinero, cuida la torre. Bueno, la limpia un par de veces al año. He estado allí y no encontré nada interesante. Creo que nadie lo encuentra, no es visitado por nadie, ni siquiera por fantasmas, nunca se ha visto nada allí, recién ayer Juan vio la bandera. Pero si quieres conocerla, solo pregúntale. La puerta de la torre conduce al jardín y está cerrada. Juan tiene la llave. Dicen que hay una entrada para entrar a la mansión, pero nadie sabe dónde es o si de verdad existe.

Ana se inquietó, la bandera blanca la intrigaba. Parecía que ahora entendió lo que decían las voces, o más bien una de las voces. Era algo más o menos así:

– "¿Volviste criminal? ¿Volviste? ¡Traidora! ¡Arregla lo que malograste!"

Pensando que había escuchado demasiadas historias y que la estaba molestando, se despidió de Sônia, fue a la habitación de Cirilo sin tomar su desayuno.

Pasaron dos días sin noticias, caía una lluvia fría, hacía un frío intenso y Ana no se aventuró a salir.

Al tercer día, el tiempo mejoró y el sol pareció dar vida a todo. Cirilo estaba mejor. En la clase de la tarde, Ana curiosa por para ver la sala bloqueada comentó sobre ella para hacer recordar al alumno que había prometido llevarla allí.

– ¿Esta sala donde están los retratos de la familia es la que está al lado de la sala principal?

– Sí esa es. Mi tía la cierra con llave y no le gusta que nadie vaya allí, pero yo ya fui, allí solamente tener retratos Así que vamos bien, la llevaré allí, como prometí y voy a cumplir.

– ¿Por qué cerrar con llave esta sala?

– Es una historia extraña. Los empleados, Sônia, Juan y otros por ahí, decir que una mujer que estaba casada con un familiar cometió muchas cosas indignas y que ella volverá. Allí en la sala está su retrato y nadie puede ver cómo era ella para no reconocerla. La tía me dijo que la cierra porque allí hay fantasmas, ella misma vio la fisonomía de un cuadro llorar. La tía está muy impresionada, odia los fantasmas, se enfada cuando alguien pide para verlos. Expulsó incluso al prometido de Sônia por eso. Esta sala está cerrada y no es abierta por nada, ni siquiera para limpiar. Ahí está todo sucio y polvoriento.

– ¿Qué dice tu papá de todo esto? De los fantasmas.

– Se ríe, no cree nada. A él no le importa la finca ni la casa, es la tía la que se encarga de todo. Papi piensa que todo esto y estas voces que escucha no pasa de una broma en alguien. A él no le gusta venir aquí.

– ¿Él también tiene un retrato allí?

– No, los hay solamente hasta mi abuela. Mi papá piensa que todo es una tontería.

– Ciro, ¿conoces a tus primas? Las hijas en Doña Eleonora.

– Una vez estuve aquí y la hija casada vino con sus hijos a pasar un temporada, son muy divertidos. Fue genial. A Paula, que está en el convento, la vi una vez, cuando la tía me llevó a visitarla. Ella es triste, me gustó y me agradó. Dicen que reza mucho y cuida a muchos niños huérfanos Mi padre me dijo que salía con ella en secreto y que nadie se enteró. Cuando decidió casarse con mi madre, ella fue al convento. Dicen muchas cosas sobre ella, pero yo no creo, ella me pareció muy lúcida.

Finalizando las clases, Ana fue a su habitación y poco después llegó Sônia.

– Ana, Michel, el hijo del jardinero, me pidió que te llamara, él está esperándola allí en garaje. Él dijo que la conocía y quería hablar con usted.

– Por supuesto, voy a allí ahora.

Bajó con Sônia, que fue a la cocina, y Ana al garaje.

Michel, cuando vio Ana, corrió en su dirección y le dio a abrazo.

– Ana, amiga, ¿por qué no viniste más a verme?

– Con el tiempo lluvioso no salí más. Pero ¿cómo estás?

– Bien, tampoco salgo mucho.

– Michel, ¿me puedes llevar a la gruta aquí cerca? Quiero conocerla.

– Claro que te llevo, cuando quieras ir me avisas. Pero allí no es un lugar bonito. Está en medio de un pequeño bosque y tiene murciélagos. Solo hay un pequeñísimo altar de piedra y está mal mantenido. A nadie le gusta ir, dicen que allí se cometió un crimen y un suicidio.

– ¡Cuéntame esa historia! ¿Qué más sabes sobre la gruta? – Preguntó Ana, curiosa.

– Fue un hecho que sucedió con una mujer llamada Victoria. Algunos dicen que ella se suicidó en la gruta de los remordimientos por haber matado a la mujer del Sr. André. Otros dicen que fue asesinada por su esposo, el Sr. André, por haberle sido infiel.

– ¿Allí aparecen los fantasmas?

– Nunca supe si aparecen. Es solo un lugar sin gracia.

Nadie, después de conocerlo, vuelve allí.

– ¿A ti te gustan las historias que cuentan sobre la mansión?

– No, solamente me interesé por esta – respondió Michel seriamente.

– Existen muchas historias sobre esta Victoria – comentado Ana.

– E incluso la de la bandera blanca. Mi padre vio la bandera la otra noche en la torre Dicen que cuando volviera aquí esta Victoria, aparecería la bandera en las noches de Luna llena. El día que mi padre lo vio, estaba nublado, pero era noche en Luna llena.

Los dos se callaron y suspiraron.

– Michel, ¿tú querías hablar conmigo?

– Bueno, Ana, es que estoy atrasado en la escuela, si me pudieses enseñar...

– Será un placer enseñarte, solamente que tendrá que ser por la noche, después de la cena.

– Tendrás que ir a mi casa – dijo Michel –. Te veré aquí y lo traeré de vuelta. A Doña Eleonora no le gusta que los habitantes de la finca entren en mansión.

– De acuerdo, te esperaré aquí.

– Gracias, Ana.

Se despidieron y después de cenar Ana bajó al garaje y allí estaba su pequeño amigo. La joven lo miró bien y sintió que le gustaba mucho. Tomados de las manos fueron a la casa del jardinero que la recibió bien. Ana pronto fue a echar un vistazo a los cuadernos de Michel, vio que no estaba bien en Matemáticas y comenzó a explicarle la materia.

Poco después, Rodolfo entró en la casa, en la sala donde se encontraban, y el corazón en Ana latió aceleradamente.

– Rodolfo vino a ver a Eliane, pero ella se fue con su novio a la ciudad – Michel susurró suavemente.

Rodolfo se sentó en una silla al lado de Juan y comenzaron a conversar. Ana se molestó, ¿cómo Rodolfo podía quedarse así detrás del aburrida de Eliane. Escuchando el chico preguntar por ella, respondió fresca:

– Eliane tiene novio, es feo molestar a una chica comprometida.

Rodolfo no respondió, pero se puso todo rojo, se despidió y pronto se fue.

Ana se molestó, terminó la explicación y se despidió prometiendo volver todas las noches que fuese posible. Michel la acompañó hasta el garaje.

Ana vio la luz encendida en casa en Rodolfo y suspiró aburrida.

"Él debe ser esperando por ella."

En su habitación, pensó en lo que había hecho y encontró todo muy extraño, no debería haber provocado así a Rodolfo, parecía que estaba celosa de él. Se quedó dormida, aborrecida.

VI
PASEANDO CON CIRILO

Al día siguiente, Ana despertó todavía de mal humor. Pensó en Rodolfo; era feo, sin gracia y sin educación, pero ella se sentía atraída por él. Con rabia estaba segura que estaba celosa de él con Eliane. Se levantó y preparó para sus clases. Luego que saludó a Cirilo, éste le dijo:

– Ana, la tía ese fue a la ciudad y Sônia fue con ella. Si quieres, podemos visitar la sala bloqueada.

– ¿Ahora? ¿Y las clases?

– Y quién va a saber si nos quedamos o no estudiando. Tenemos que aprovechar esta oportunidad. La tía puede demorarse para salir otra vez.

– Está bien, vamos.

Ana, curiosa por ver los retratos, también pensó que era una gran oportunidad. Bajaron con cuidado, ella, un poco melancólica; el chico, contento, para él era una aventura. Ciro llevaba una linterna muy bonita y moderna.

– Tengo dos de estas – le explicado a Ana –, las gané como regalo.

Pronto llegaron frente a la sala. Cirilo tomó un jarrón estupendo con pinturas exóticas, un objeto muy hermoso que estaba en una mesa al lado de la puerta. Ana lo ayudó, el jarrón pesaba. El niño giró el jarrón dos veces a la izquierda y una vez a la derecha; el fondo se abrió y una vez llave apareció en mano del chico que sonrió contento.

– ¡Que buena idea! ¿Cuándo alguien buscaría algo aquí? Si papi no me lo hubiese contado... – dijo Cirilo riendo.

Abrieron la puerta. Estaba oscuro y Cirilo encendió la linterna. Entraron y él cerró la puerta.

– No podemos abrir ninguna ventana. Alguien puede ver y sabrán que entró gente aquí.

En la habitación había pocos muebles, cubiertos con telas que deberían haber sido blancos, pero se veían beige de tanto polvo. Los cuadros estaban en secuencia en el paredes

– Ven, es por aquí que comienza – dijo Cirilo, jalándola de la mano.

Había telarañas en las pinturas, pero eran claramente visibles. Las fisonomías retratados eran casi todas serias y con trajes de la época, hombres casi todos con barbas y mujeres con muchas joyas.

– Este – dijo Cirilo sirviendo de cicerone – fue el iniciador de la fortuna de la familia. Vino de Europa a Brasil, se casó aquí y compró parte de estas tierras. Este se dice que estaba loco, un tarado. Su madre lo mantuvo preso en la prisión, pero nadie sabe dónde está esta prisión, o dicen que no saben.

– ¡Yo lo sé! – Exclamó Ana casi sin querer.

– ¿Cómo lo sabes? Cirilo se detuvo e iluminó el rostro de Ana, que cerró los ojos tratando de cubrirse con la mano.

– Bueno... por curiosa me enteré. Lo encontré por accidente. Estaba en Biblioteca, al mover un libro, una puerta se abrió. No entré allí, pero dio para percibir que se trataba de un pasaje secreto y todo indica que tal vez había una un prisión. Pero continúa. ¿Qué le pasó a él?

– ¡Él murió! Dicen que mataba niñas y que cuando mató a una prima su madre lo metió en la cárcel de la que nunca salió. Quiero ir allí por tarde. ¿Vienes conmigo?

– Yo, no... – Ana permaneció indecisa.

– Eres mi empleada y he decidido que iremos. Perdóname, Ana, por favor muéstrame cómo se abre el pasaje secreto y ven conmigo a conocerla. La tía solamente regreso los noche. ¡Yo te estoy mostrando esta sala!

– Está bien. Pero puedo ser despedida si...

– Nadie lo sabrá – interrumpió Cirilo y volvió a iluminar los cuadros –. Mira, Ana, éste es mi héroe, se llamaba Arturo, aumentó la fortuna de la familia y construyó está mansión, dicen que era muy ambicioso, lo admiro. Fíjate cómo me parezco a él, si yo tuviese barba me parecería aun más. Mira los ojos. ¿No crees?

– Es verdad – respondió Ana, encontrando realmente semejanza entre ellos.

– Me gustaría haber sido él, llevar la vida que éste Arturo tuvo, juegos y travesuras.

– ¿Cómo lo sabes?

– Cálculo – respondió Cirilo simplemente.

Y así ellos pasaron por muchos retratos hasta que...

– Esta es la traidora, el fantasma que la tía le tiene miedo, la que vio cuando era joven.

Ana miró el retrato. Allí estaba ella, o sintió ser ella, con traje a la moda antigua, con muchas joyas y flirteando descaradamente con el pintor.

– Ana, ¿se está sintiendo mal? ¡Dios mío, cómo se parece con ella

¡Impresionante!

La joven se dio cuenta que iba a perder los sentidos, pero la voz de Cirilo la llamó a la realidad, intentó sonreír.

– Sí, puede ser. ¿Quién era su esposo que la mató?

– ¡Éste! ¡Se llamaba Andrés! Se casó tres veces. Esta es la primera esposa, la que dicen fue asesinada por Victoria. Y esta es la tercera esposa, Venina.

– Victoria no mató a – Ana dijo de mal humor –. ¿Andrés tuvo hijos?

– Sí, a con la primera esposa, Luis, que murió joven y de manera misteriosa. Con la tercera, tuvo dos, uno de ellos era el padre de la tía Eleonora, mi bisabuela. Y este aquí, simpático ¿no?

– Victoria ¿no tuvo hijos?

– No, dicen que ella amaba a Luis como si fuese su hijo. Luis es este.

Ana lo miró bien y tuvo la impresión que se parecía a alguien. O mejor dicho, sintió que lo conocía y que ahora estaría cerca de ella, no como un alma en pena, sino como ella y que era amigo.

Casi todas las personas de la familia fueron retratados dos veces, una vez cuando era joven y, si vivió mucho, en otro, en edad avanzada. Luis y las tres esposas de Andrés fueron retratadas solamente cuando eran jóvenes.

– Este André era el casamentero de la familia. Se dice que se enamoró de Victoria cuando estaba casado, que su mujer estaba enferma y que, cuando ella murió, se casó con Victoria. Dicen que ella lo traicionó y él la mató, o que fue su amante quien la asesinó o que ella se suicidó. No tengo seguridad de lo que sucedió realmente. Entonces, él se casó otra vez, pero dicen que se hizo triste y malhumorado.

Ana escuchaba lo que decía Cirilo con atención. Pero estaba fascinada con el retrato de André, que consideró parecidísimo a Rodolfo, pero no comentó nada. "Tal vez – pensó –, es solo una impresión. André no tenía cicatriz, era orgulloso, prepotente tanto en el retrato de joven como en el de viejo."

La joven profesora nuevamente miró al retrato de Victoria, realmente se parecía con ella, era aquella imagen que viera en el sueño, reflejada en el espejo.

– Vamos – llamó Cirilo.

Pusieron todo en su lugar, cerraron la puerta y guardaron la llave. Ana lo acompañó hasta su habitación.

– No quiero tener clases hoy, estoy cansado, quiero descansar por la excursión de esta tarde.

Ana fue a su habitación y se quedó pensando en los retratos, escuchando el ruido de caballos, abrió la ventana y miró hacia abajo. Vio a Rodolfo tirando de un hermoso animal, lo miró fijamente.

– "¡Es parecidísimo con Andrés!"

Rodolfo, sintiéndose observado, levantó la vista. Cuando la vio, saludó con la mano, y entró en los establos.

– "¡Él no se interesa por mí!"

Cerró la ventana, enfadado. Además, por qué iría a interesarse por Rodolfo, un cochero, un conductor sin educación?

– "¡Creo que esta casa no me está gustando más!"

Decidió descansar hasta la hora del almuerzo, porque luego se iría con su alumno a visitar el pasaje de la mansión.

Almorzó sin querer y poco después se fue con el corazón acelerado a la habitación de Cirilo. Éste ya la estaba esperando, todo eufórico; tenía una cuerda en los hombros, un cuchillo en la cintura y con las dos linternas. Ana, al verlo, sonrió.

– Es necesario que estemos preparado – explicó el chico.

Bajaron las escaleras lentamente, no se escuchaba ningún ruido en la casa.

Entraron en la biblioteca y Cirilo cerró la puerta por dentro.

– Así, evitaremos que alguien entre aquí. Ahora, Ana, muéstrame cómo se abre el pasaje.

Ella fue hasta la estantería.

– Es este libro – le mostró –. Mira cómo se hace, gira a la izquierda, luego dos veces a la derecha y después empuja hacia atrás.

– ¡Es complicado! Espera, que voy a anotarlo – dijo Cirilo, tomando un cuadernillo del bolsillo –. Necesito anotar todo, quizás encontremos más pasajes secretos a través de la casa. Es increíble que hayas descubierto esto, más aun en un libro en Latín. ¿Qué es lo querías con un libro en Latín?

Ana no respondió. Los dos se detuvieron maravillados cuando vieron el estante abrirse.

– Vamos a darnos de las manos y no nos soltaremos para nada, así no nos separaremos el uno del otro. Llévate una linterna y yo me llevo la otra – dijo Cirilo todos emocionado con los excursión que harían.

El pasaje daba hacia un pequeño cuadrado y luego hacia una escalera. Bajaron veinte escalones. El lugar estaba húmedo y frío y a medida descendían sentían que el aire se cargaba. Allí no estaba muy sucio y había pocas telarañas. Las escaleras eran estrechas, pero entraban los dos que se sujetaban de las manos estrechamente.

Llegaron a otro cuadrado, o a un pequeño ambiente, donde había dos entradas que daban a dos corredores

– Vamos por aquí – dijo Ana, recordando el sueño que la llevó al gruta.

– ¡No, vamos por este! – Exclamó Cirilo resuelto.

Las paredes de aquel subsuelo eran de piedras y no había nada en ellas. Entraron en un pasillo estrecho y bajo. No necesitaban agacharse, pero alguien de mayor estatura ciertamente lo necesitaría. Después de unos pasos, vieron puertas de madera a ambas lados.

Cirilo, eufórico, como si hubiera descubierto un nuevo juego, forzó la primera puerta y se abrió. Ana se estremeció. Iluminaron por dentro. Era un habitación cuadrada con paja en una esquina y una banca de madera en la otra. Como no tenía nada de interés, Cirilo cerró la puerta que hizo un ruido que parecía enorme ante el silencio que reinaba. Solo se escuchaba la respiración de los excursionistas aventureros.

Cirilo forzó la puerta del otro lado, se abrió sin dificultad, era como la otra y no había nada dentro de la habitación. Había cuatro puertas, se acercaron a otro, pero esta no abrió, el chico la iluminó y vio un cerrojo.

– ¡Vamos, Ana, ábrela! ¡Fuérzala! – Dijo Cirilo tomando la linterna en su mano.

Ana hizo fuerza y el cerrojo cedió, y empujó la puerta. Iluminaron el ambiente y la joven lo sujetó para no gritar. En medio del compartimiento había un esqueleto. Poca ropa lo cubría, pero demostraba haber sido un hombre. Cirilo entró e iba a mover, pero ella no lo dejó.

– ¡No, Ciro, no lo toques! ¡Vámonos de aquí!

– Pero, ¡Ana, es solamente un esqueleto! Deben ser los huesos del loco que su madre aprisionó.

– ¡Ave María! ¡También que preso aquí solamente pudo haber muerto! Nadie viviría mucho aquí. ¡Qué horror! ¡Quiero volver!

– ¡No! Ahora que ya estamos aquí, vamos a mirar todo.

Intentó abrir otra puerta.

– ¡Vamos, Ana, ábrela!

Ella lo intentó y no lo logró

– Está bloqueada – dijo jadeante.

– ¡Debe haber alguien allí adentro! – Cirilo golpeó en la puerta.

– Qué idea, Ciro. ¿Cómo puedes decir que hay alguien allí?

– Qué pena que esté bloqueada. Quizás haya otros esqueletos, o fantasmas.

– Estoy con miedo – tartamudeó Ana, temblando.

– Ahora – dijo el chico, autoritario –, no te hagas de niña temerosa. ¿No sabes que los fantasmas no se quedan presos? Ahora, vamos por allí.

Siguieron por un corredor que terminaba en un triángulo, siendo que cada lado tenía un pasaje.

– Vamos a ver lo que hay en el primero – propuso Cirilo –. Caramba, aquí es más grande de lo que pensaba.

Tomaron la primera a la izquierda donde había otro corredor; pronto vieron un puerta abierta, miraron, era un ambiente pequeño y estaba vacío. Siguieron por el pasillo y encontraron una puerta al final del lado derecho, la abrieron fácilmente y se encontraron frente a una habitación rectangular, con una mesa y algunas sillas viejas. Cirilo puso un pie sobre ella y ésta cayó desmoronándose

– Este debe ser un lugar de reuniones secretas – comentó el chico, un poco cansado.

La falta de aire fresco estaba pasando la factura al chico. Ana se preocupó, estaba con miedo, pensó al ver la sala: "¡La mansión es tan grande! ¿necesitaría en un sala para reuniones aquí abajo?"

– ¡Vamos por aquí!

Volvieron a las entradas del triángulo y entraron en otro pasaje.

– Ciro, por favor, vamos a volver

Pero el chico no le prestó atención y siguieron adelante. Se toparon con otro corredor, solo que este era muy estrecho. Después de haber dado algunos pasos, se detuvieron, el aire se estaba poniendo irrespirable.

– Tienes razón, Ana. Es mejor volver. Otro día volveremos más preparados.

Ana se dio la vuelta rápidamente, sosteniendo la mano de Cirilo con fuerza. Caminaron un poco y de repente vieron dos puertas que no habían visto allí antes o entonces no estarían siguiendo el camino ya recorrido.

– ¿Y ahora? – Preguntó el chico con miedo.

Por primera vez el niño se sobresaltó y Ana se estremeció. ¿Qué harían si se perdieran? Nadie los buscaría allí. ¿Y si la puerta de la biblioteca se cerrase? Morirían en unas pocas horas. Cirilo era un niño, pero ella era adulta y debería haber sido más responsable. No deberían haber entrado allí, aunque tenido pensaba que debería ser pequeño, estaba muy asustada.

– ¡Mamá dijo que siguiéramos por está!

Cirilo señalaba a una puerta y a otra según decía la frase acostumbrada entre chistes de niño. Señaló a la izquierda, abrió fácilmente y ellos pasaron por ella.

– ¡Gracias a Dios! – Exclamó la joven profesora aliviada –. ¡Y la de corredor de las prisiones!

Entonces se dio cuenta que había allí una especie de laberinto, que un corredor comunicaba con el otro.

– ¡Puertas similares, corredores iguales! ¡Muy interesante! – Comentó Cirilo también aliviado.

Caminaron rápidamente hacia la salida. El niño jadeaba cada vez más y Ana tuvo que apoyarlo. Llegaron a las escaleras. Ana seguía mirando al otro pasillo, recordó su sueño y estaba segura que terminaría en el gruta. No dijo nada y tuvo que ayudar a Cirilo a subir las escaleras. Rogó a Dios afligida que la puerta estuviese aun abierta. Dio un suspiro de alivio cuando vio la claridad.

– ¡Gracias, Dios mío! – Exclamaron los dos juntos.

Salieron del pasaje secreto y respiraron contentos cuando pusieron los pies en la biblioteca. Cirilo iba a sentarse.

– No, Ciro. Estás sucio, si te sientas ensuciarás la silla. Estamos polvorientos, voy a cerrar el pasaje y llevarte a tu habitación.

El chico se quedó de pie y esperó. Ana cerró el pasaje y limpió las marcas que sus zapatos polvorientos dejaron en la alfombra. Se fueron; Ana siempre ayudando a Cirilo, fueron a su habitación.

– Toma un baño, Ciro. Te ayudo.

Ayudado al chico a sacarse la ropa, él se quedó solamente con la ropa íntima y fue al baño. Ana sacudió la ropa del niño por la ventana, la limpió un poco y la colocó en la cesta de ropa sucia. También limpió sus zapatos.

Cirilo salió de la ducha y ella lo ayudó a vestirse. Al verlo solo con la ropa íntimas, notó que tenía manchas rojas en los brazos, la espalda y cuello. Prestando más atención, notó que su orejas estaban ligeramente hinchadas, al igual que la nariz. Instintivamente Ana le pasó las uñas por la espalda y Cirilo no pareció darse cuenta, no lo sintió. El niño se puso una bata.

– Me siento cansado, Ana, voy a descansar. Ve a tu habitación y tómate un baño también, antes que alguien la vea y tenga que dar explicaciones. Tú estás blanca. Te quedaste con miedo. Pensé que la excusión fue genial. Sabía que no nos íbamos a perder. Parece que cuando entré allí, todo me era familiar, como si yo fui quien había planeado y construido ese laberinto. Es que tengo la sangre de la familia en el venas Y a ti, Ana, ¿te gustó la excursión?

– ¡Sí! ¡No! ¡No sé! ¡Hasta mañana!

Salió rápidamente y se fue a su habitación. La mansión estaba en silencio. Hizo la misma limpieza con su ropa y se dio una ducha. Sintió que su cabeza le ardía, había muchas cosas que la perturbaban, el pasaje, la condición y la enfermedad de Cirilo. Solo le dijeron que el niño estaba enfermo, pero no dijeron qué enfermedad él tenía.

– "¿Será lepra? Solo puede ser eso – pensó afligida, recordando que una vez había estudiado sobre el Mal de Hansen en el colegio..." – dijo suavemente.

Pero fue, bajó las escaleras y entró en la biblioteca. Al mirar el estante que le dio acceso al pasaje al sótano, se estremeció. Buscó en la estantería en parte de Ciencias. Pensó en un libro nuevo, lo tomó y hojcado a través de él, notó una página marcada por un trozo de papel blanco. Estaba marcado justo en el capítulo sobre los enfermedad que había llegado a investigar.

– "Alguien debe haber venido a investigar recientemente sobre la misma enfermedad.
Quizás Doña Eleonora."

Leyó el capítulo con atención. Las señales de la enfermedad, el comienzo, el tratamiento, los peligros de contagio. Ya no tenía dudas, Cirilo era un hanseniano.

Volvió al tu habitación muy triste y permaneció pensando en todo.

VII
<u>LA TORRE</u>

Ana estaba distraída. Cuando escuchó a Michel llamarla, corrió y abrió la ventana.

– ¡Hola, Michel!

– ¡Hola Ana! Rodolfo vino del pueblo y te trajo cartas. Como Sônia no está, ¿no quieres bajar a recogerlas?

– Por supuesto, ya bajo...

Michel la esperaba en el garaje y alegres fueron a casa de Rodolfo.

En el camino, Ana preguntó:

– ¿Mañana me puedes llevar a la gruta?

– Tiene que ser durante el día, allí hay murciélagos.

– Mañana es domingo y es mi día libre. Te espero aquí, justo después del almuerzo, pero no le cuentes a nadie; es nuestro secreto.

– ¡Rodolfo! – Gritó Michel, frente a su casa – Ana vino a buscar las cartas.

Rodolfo abrió la puerta y Ana entró sin ser invitada. Quería ver cómo era su casa. Era sencilla como la de Michel, una sala, dos dormitorios pequeños y desde la sala donde estaba se podía ver la cocina. La sala estaba amueblada con un mesa y cuatro sillas. Rodolfo, al verla examinar todo, insinuó:

– ¿Le gustó la casa? ¿No crees que es pequeña?

– Mi casa también es pequeña. Ahora vivo en la mansión, pero soy una empleada. ¿Tú cocinas aquí?

– No, tomo mis comidas en la mansión, en la cocina, claro. ¿No quieres sentarte? Aquí están tus cartas.

La joven las tomó y las miró; una era de su hermano y la otra de su madre. Queriendo leerlas, le dio las gracias y se despidió. Volvió rápidamente a su habitación.

Abrió la carta de su hermano con mucha nostalgia, era una carta sencilla y cariñosa. Dijo que iba a seguir la carrera militar, que se quedaría en el ejército y que estaba saliendo con una joven de quién estaba enamorado.

– "Mío hermano está tan lejos! No volverá más a casa" – pensó Ana con ganas de llorar.

Al tomar la carta de su madre, leyó en el reverso que la dirección no era de su casa. Aprensiva abrió la carta. Era bien larga, su madre explicaba que se había separado de su padre, que el hogar se había deshecho y que su padre vivía en la pensión del tío Pedro. Esta pensión estaba ubicada en el barrio donde vivían, estaba cerca de su antigua casa. Y que ella, su madre, se fue a vivir a un pequeño departamento con una amiga.

Ana llorado compungida. Se sintió ahora sin casa, con tu hogar deshecho. Su hermano lejos, su padre viviendo en una pensión, y su madre con una amiga, no había lugar para ella con ninguno de los dos. Se sintió muy sola. Quería irse de allí. La mansión con sus misterios la asustaba, tenía miedo y no quería permanecer más tiempo allí. Le caían bien los dos chicos Michel y Cirilo. Se sentía atraída por Rodolfo, un hombre extraño. Doña Eleonora la trataba como a una empleada. Las visiones que tuvo desde que llegó la estaban perturbando y temía volverse loca. Su parecido con Victoria, que murió hace tanto tiempo, su descubrimiento del pasadizo secreto, el esqueleto en la celda. Todo esto fue razón suficiente, por querer irse. Aun más ahora que había descubierto que la enfermedad de su estudiante era una enfermedad contagiosa. Ciertamente, Cirilo ignoraba su enfermedad y sus parientes lo escondían en esa mansión aislada, por no tener que ir a un hospital apropiado. Ana sintió pena por el niño, pero temía el contagio. ¿Y si enfermase? No tendría un lugar para aislarse y definitivamente iría a un hospital. Pero, pensó además, el contagio no se daba así tan fácilmente.

Lloró hasta que se calmó, pero siguió pensando. Quería irse y no tenía a dónde ir ni dinero. El contrato que firmó tenía un cláusula que era muy clara, que si desistiese no recibiría nada. Y recién faltaban algunos días para vencer el primer mes, cuando recibiría un pequeño vale. Su salario sería completo solamente al final del sexto mes.

Le escribió a Gilson, tratando de contarle las cosas buenas, no quería preocupar al hermano. También le escribió a su papá, sabía la dirección de la pensión. Prefirió hacer más preguntas que hablar de sí misma. Aunque, realmente tenía muchas ganas de saber cómo estaba y cómo le iba en el trabajo. A la madre, le preguntó a dónde iría o viviría cuando regresara a su ciudad natal. Le dijo que la estaba extrañando y que se sentía sola.

Iba a acostarse, cuando Elizete vino a llamarla. Cirilo no estaba bien y Doña Eleonora no había llegado. Ella tenía que ocuparse de la cocina y no podía hacerle compañía. Ana, sintiéndose culpable por haber ido con él a excursiones durante el día, corrió a la habitación del chico. Lo encontré jadeando.

– No tener nada grave, Ana; es solamente un poco de falta de aire. No te preocupes.

Le tomó la temperatura, suspiró aliviada, estaba normal.

– ¿Qué puedo hacer para ayudarte? ¿Ya tomaste tu remedio?

– Sí, ya lo tomé.

– Me quedaré aquí, haciéndote compañía.

Cirilo se quedó quieto y Ana se sentó cerca de su cama. Luego de unos treinta minutos, Doña Eleonora llegó en la habitación con el Dr. Bernardo.

– Cirilo, ¿qué ocurrió? – Preguntó Doña Eleonora. Al para a la joven profesora preguntó dirigiéndose a ella:

– ¿Qué hace aquí?

– Le estoy haciendo compañía...

Ana dijo avergonzado, pero tu amante no salió que finalizado los explicación y los se rompió

– ¡Gracias! – Y volteándose al señor que la acompañaba le dijo:

– Esta joven es Ana Elizabeth, la profesora de Cirilo. Y este es el Dr. Bernardo.

– ¡Mucho gusto! – Dijo Ana con sencillez.

– ¡Encantado! – Dijo el Dr. Bernardo sonriente.

– Ahora dime, Cirilo – pidió Doña Eleonora – ¿qué hiciste para tener otra crisis?

– Nada, tía, nada. Ana puede confirmar, nosotros estudiamos todo el día y fue de noche que comencé a sentirme mal. Tomé mi medicina correctamente.

– Voy a examinarlo – dijo Dr. Bernardo, mirando por Ana que se sintió analizada.

– Puede irse ahora, Ana Elizabeth, gracias y buenas noches – dijo la dueña de la mansión abriendo la puerta de la habitación –. Ahora, cuidaré de mi sobrino.

– ¡Buenas noches! – Respondió la joven.

Ana volvió rápido a su habitación, sintió miedo y soledad, llorando otra vez hasta dormirse. Soñó... Cuando despertó recordó claramente el sueño, cómo si hubiese sucedido de verdad.

Soñó que se levantaba de su cama, se ponía una bata, salía de la habitación y entró en la torre.[1] Pasó a través de las puertas cerradas con facilidad. Vio bien la entrada, la escalera y subió por ella. En el primer piso había, como en todos, una abertura que daba al exterior, no había ningún mobiliario en la torre. Subió más y vi un haz en hierro, que servía antiguamente para iluminar, pero, forzándolo hacia

---

[1] N.A.E. Ana, teniendo el cuerpo dormido, salió en espíritu y recorrió a través de torre.

abajo, la pared de piedra se abría y por unas escaleras conducían a una puerta al otro lado de la torre. Un pasaje para escapar. Continuó subiendo las escaleras. De un piso a otro siempre había una sala, pero Ana no les prestó atención, subió rápido. En la parte superior miró a la apertura, todo oscuro. Recordó que desde allí se podía ver gran parte de la propiedad. Regresó, comenzó a descender, de repente se asustó. Apoyado contra la pared estaba un hombre mirándola.

– ¡Victoria, finalmente volviste!

Ana sintió miedo, allí estaba Rodolfo, pero sabía que era el otro, André, que habló otra vez con tono enfadado.[2]

– Vine a ver si la bandera blanca está allí. ¿Viniste a ver lo mismo? Te maté una vez y no me hagas matarte otra vez.

– ¡Soy inocente! – Consiguió decir la joven con dificultad.

– Ja-ja ja – se rio entre dientes –. ¿Inocente? Aquí mismo me juraste que eras inocente y no lo eras. ¡Me traicionaste! ¿Recuerdas, ingrata? Ese día te seguí y te encontré sola. Me juraste que eras

---

[2] N.A.E. Rodolfo estaba allí en periespíritu, su cuerpo dormido estaba en su cama. En algunos casos, los persona que sale de del cuerpo así puede recordar su última existencia, cómo ocurrió con Rodolfo.

inocente. Pero me olvidé de pasaje secreto. Él bien podría haber salido por allí cuando vio que yo me acercaba. Con tu escondite descubierto, elegiste la gruta por encontrarse con él. ¿Quién era? ¿Quién? Nunca lo supe. En gruta ese día, lo vi correr. ¿Cómo pudiste traicionarme tan vilmente? Yo que te saqué del lodo.

— Nunca estuve en el lodo — dijo defendiéndose –, yo era una simple criada, yo...

– Cuidabas de mi esposa y me enamoré de ti. Me apasioné de tal manera que, cuando ella él murió, me casé contigo.

– Y todos pensaron y piensan hasta hoy, que fui yo quien mató a tu primera esposa. Pero yo no maté a nadie.

– ¿Cómo no? Nos desgraciaste. Perjudicaste a Luis que sufrió por ti, que te amaba como su segunda madre. Tú me hiciste matar a mi esposa, madre de mi hijo Luis.

– Entonces, ¿ella murió asesinada? – Ana preguntó asustada.

– Estaba enferma, iba a morir de todas maneras. Le di demasiada medicina, esto a casarme contigo.

– ¡Asesino!

– ¡Sí, fui asesino! ¡Nunca fui feliz! Ni antes ni ahora. Mi crimen no me trajo felicidad, pero me quitó la paz. Y mira cómo estoy ahora, soy feo, lisiado, empleado donde era amo. ¡Tú eres la culpable! ¡Dime con quien me traicionaste! ¡Dímelo! Busqué por todas partes, sospeché de los empleados, incluso de los esclavos, de los vecinos. Sin embargo, no encontré nada. ¡Dime ahora con quien me traicionaste! ¡Dímelo!

Rodolfo se puso más feo con la cicatriz en la cara y la expresión de odio, llegó cerca de ella, lo tomó de los brazos y la sacudió.

Ana despertó con miedo y con Luis en el pensamiento.

– ¡Dios mío, Victoria engañó a su esposo con su hijastro! ¡Luis era su amante! ¡Virgen María! Pero, ¿qué tengo que ver yo con esta historia? ¿Será que soñé con los eventos que sucedieron en esta mansión? ¿Por qué me siento como si fuera Victoria, y Rodolfo, este Andrés?

Durante su desayuno, Ana se encontró con Sônia, que le sugirió:

– ¿Por qué no vas al pueblo? Nuestro pueblito es bonito. Pídele a Rodolfo que te lleve.

– "No tenía ganas de ir al pueblo, pero, si Rodolfo la llevaba hasta que iría"– pensó.

Tomó su café y salió al jardín, buscó el jardinero y lo encontró hurgando en un macizo de flores.

– Buenos días, Juan. ¿Hasta los domingos cuidas del jardín?

– Solo vine a plantar estas plántulas. Gusto mucho de este jardín, es un placer estar aquí.

– Él es muy bonito, tú debes estar contento, eres un excelente jardinero.

– Gracias – respondió Juan sonriente, contento con el elogio.

– Juan, me gustaría conocer la torre.

– Voy a buscar la llave, ya regreso.

Ana miró hacia la torre y le pareció ver la bandera blanca. Fijó la mirada, aunque no vio nada más. Llegó cerca de la torre, caminando lentamente, dio una vuelta a su alrededor. Vio otra pequeña puerta al otro lado, casi oculta. La forzó para abrirla, pero estaba bloqueado. Fue allí que Juan la encontró.

– ¿Qué hace aquí del lado de atrás?

– Estaba mirando. ¿No es por aquí que se entra?

– No – respondió el jardinero –. Esta es la otra entrada a la torre o una salida. Es el único pasaje secreto conocido de la casa. Esta entrada conduce a una escalera y la puerta es de piedra; en la pared, se abre por un control. Venga, abro la torre para usted.

– Juan, y la bandera blanca, ¿la has visto? ¿Cómo es esa historia? ¡Cuéntame!

– Mire hacia allá – dijo, señalando un armazón de hierro para banderas y en el momento sin ninguna – es ahí donde aparece y desaparece. Esta historia es muy vieja. Uno de los dueños de esta casa, llamado André, mató a su segunda esposa que lo engañaba. Dicen que esta mujer, Victoria, la segunda esposa, mató a la primera esposa de este André. No creo que estos espíritus tengan paz. Una tía de André estaba metida en brujería y dijo que todos los involucrados en esta trama volverían a esta casa para entenderse. Y que, cuando los tres se reuniesen, aquí aparecería las bandera blanca y estos espíritus tendrían paz.

– ¿Tres? – Preguntó Ana –. ¿Cuáles tres?

– Don André, Doña Victoria y su amante. Si el tercero no es el amante, debe ser la primera esposa, la que fue asesinada. Bien, la puerta está abierto. ¿Quiere que yo suba con usted?

– No, gracias. Voy sola.

Ana se estremeció al ver las escaleras, eran cómo las viera en su sueño.

Tratando de tranquilizarse, pensó:

– "Todas son tonterías, todas las torres son iguales. He visto muchas grabados de torres."

Llegó al primer piso, miró por la abertura, vio el jardín. Juan miró hacia arriba y sonrió, la joven respondió, se alejó y volvió a subir. Encontró el lugar de su sueño, solo que todo le parecía más viejo, gastado, pero era igual.

Continuó hasta llegar a la cima, miró hacia la abertura, vio el bosque, las plantaciones, los caminos, la vista desde allí era muy bonita.

– "Nadie sabe quién era el amante de la Victoria, yo lo sé...

Era su hijastro Luis. ¿Cómo pudo esta Victoria traicionar el marido con su propio hijo? Todavía era un niño, recién saliendo de la adolescencia – Suspiró con tristeza –. ¿Por qué tengo todas estas visiones? Estos sueños extraños y me siento atraída por un simple empleado de brazos? No soy prejuicio, pero Rodolfo es feo, lisiado, sin educación, y además, no me hace caso, parece que siente repulsión por mí. ¿Por qué estoy pasando por todo esto?" – Dijo en voz baja consigo misma.

Bajó, triste. Al llegar al piso donde en el sueño estaba hablando con Rodolfo, o Andrés, se detuvo y quiso ver si realmente allí era el pasaje secreto; tiró con fuerza de la antorcha unida a la pared. La puerta de piedra se abrió y surgió una escalera frente a ella.

– "Aquí está ella, también sé que puedes ir y salir por la puerta que vi por el otro lado, como también en medio de la escalera hay otra abertura que conduce al laberinto, pudiendo salir en la gruta o en la biblioteca. La otra apertura si abre también por la antorcha en la pared. ¿Y por qué sé de todo esto?"

Tiró de la antorcha otra vez, la apertura se cerró y ella bajó apresuradamente.

Cerró la puerta de la torre y llevó las llaves a Juan.

– Gracias, Juan.

– ¿Le gustó la torre? – Preguntó el jardinero gentil.

– Mmm, sí – respondió indecisa y salió apresurada. Estaba todavía en el jardín cuando encontró a Michel.

– Ana, ayer me quedé esperándola para las clases. ¿Por qué no vino?

Rodolfo además era allí en casa.

Rodolfo allí en casa de él, pensó, era solamente por causa de Eliane.

– Ayer no me sentía bien, decidí responder a las cartas que recibí, luego tuve en hacerle compañía a Cirilo que está enfermo. Pero mañana iré.

– Estás abatida, ¿estás enferma?

– No estoy enferma, estaba solamente con un poco de dolor de cabeza.

– Podríamos ir a andar por allí – invitó Michel afectuosamente. Ana pensó con tristeza, antes quería mucho conocer la gruta, pero ahora no estaba muy emocionada, debe haber sido como en su sueño, cómo era en torre. Pero quedarse en su habitación, o leer, no la entusiasmaba. Pasear podría ser agradable; además, apreciaba mucho de ese chico.

– De acuerdo, a las dos bajo, ¿está bien?

– De acuerdo.

Ana volvió a su habitación. Tenía muchas ganas de irse, pero ¿a dónde iría? ¿Para los pensión donde estaba su papá? ¿Con su madre? Ninguno de dos podrían recibirla. No tenía a dónde ir ni dinero. La culpa de ser en esta dificultad, pensó la joven, era de sus padres. Si ellos si preocuparan con ella, no la habrían dejado tomar ese trabajo tan lejos y entre gente desconocida. Contuvo las lágrimas y cogió un libro para leer. Trató de prestar atención a lo que estaba leyendo, pero se quedó pensando en los eventos desde que llegó a la Mansión de la Piedra Torcida.

Ella suspiró aliviada. Cuando vio que era la hora del almuerzo, bajó las escaleras, pero se alimentó poco. Oyó voces en la otra sala, era Doña Eleonora y el médico que conversaban. No tenía ganas de subir a su cuarto, bajó por el patio y casi instintivamente fue a los establos.

Llegó en sin golpear y vio Rodolfo cepillado a caballo.

– ¡Buenos días! – Le dijo la joven.

– ¡Buenas tardes! – Respondió él corrigiéndola.

Ana permaneció ruborizada y avergonzada. Rodolfo se dio la vuelta y la miró.

– ¿Qué hace aquí?

– Estoy paseando.

– ¿El chico Cirilo está enfermo?

– Sí, está. ¿No es extraño que un niño se enferme tanto? – Dijo ella, tratando de saber si él tenía conocimiento de su enfermedad.

– No, es solamente pobre que se enferma.

– ¿Tú sabes que enfermedad tiene?

– No – respondió secamente.

– Muy bonito este caballo. ¿Cuál es su nombre?

– ¿Te vas a quedar mirándome? Tengo mucho que hacer.

– ¡Mal educado!

Ana volvió a sonrojarse, estaba a punto de irse, pero Rodolfo soltó el cepillo, se dio la vuelta hacia ella y le dijo suavemente.

– Lo siento Ana, no suelo ser así; es que me das una sensación extraña, de traición. Algo me advierte que usted es una traidora. Qué me vas a hacer sufrir mucho. No sé cómo explicar todo esto, lo siento. ¡Tú eres tan hermosa!

Rodolfo se acercó a ella, Ana seguía mirándolo. Él la atrapó con sus fuertes brazos y la besó en la boca. Ella se estremeció, pero el chico abandonó y tomó otra vez los cepillo.

– Perdóname, soy un patán.

Ana no pudo decir nada, le ardían los labios, se fue a toda prisa de los establos.

– "¡Lo amo! ¡Dios mío, yo lo amo!" – Pensó afligida.

– ¡Ana! – Exclamó Michel –. ¡Bajaste más temprano! ¡Qué bueno! Si quieres podemos ir.

El chico tomó la mano de la joven y fue hablando alegre sin parar. Cruzaron el patio. Michel abrió un enorme portón y entraron en el bosque.

– Aquí es hermoso, en primavera hay muchas flores. Este lugar se llama Bosque de la Tranquilidad. Aquí solo viene el personal de la mansión; es decir, nadie.

A Ana le gustó caminar entre los árboles, el lugar era hermoso y tranquilo; no habían caminado mucho cuando el chico exclamó:

– ¡La gruta es aquí, Ana! ¡Mira!

Ella miró y sintió un escalofrío. Era un agujero abierto en la roca. Entraron y encontraron un salón, no era grande y no tenía, como ya Michel dijera, nada de especial. En una esquina un altar de piedra con la imagen de una santa. Sin embargo, Ana recordaba todo.

– Es la imagen de Nuestra Señora del Rosario – observó distraído.

Examinó el altar y vio la piedra que, si se levantaba, daría para el pasaje secreto, pero no dijo nada.

– Ana, aquí hay una ramificación, pero es pequeña y solamente tiene murciélagos

Y él le mostró un agujero a la izquierda donde mal encajaría una persona acostada.

– ¿Solamente hay esta?

– Solamente. No te dije que no tenía nada de especial?

–Y...

Ana comenzó a llorar, ese lugar era triste, deprimente y le ponía la piel de gallina.

– ¿Por qué estás llorando? – Preguntó el chico afectuosamente.

– Es que estoy extrañando a mi familia – respondió avergonzada.

– ¡Ah, pensé que era por la gruta! No me gusta. Aquí parece un lugar de reuniones secretas, de crímenes y maldades. Una vez, estaba caminando por el bosque y me sorprendió una tormenta y me refugié aquí. Me fue dando una sensación extraña. Me sentía como si ya hubiera estado aquí con un mujer hermosa, pero no era así niño, sino jovencito. Nos estábamos besándonos mucho cuando un ruido me hizo correr hacia un agujero, pero parece que no era este, era otro, pero no recuerdo donde estaba. Esa impresión me hizo mal, mi corazón latía con fuerza, estaba tan asustado que ni siquiera esperé a que lluvia se detuviera, me fui de allí en la hora. Un tiempo después, volví con una cuerda que até a la cintura y el otro extremo a esta roca y, con una linterna, entré en el agujero en la pared, pero no vi nada interesante, es un simple agujero sin otra salida. A Rodolfo tampoco le gusta aquí.

– ¿Por qué? – Preguntó Ana, quien dejó de llorar y prestaba atención al chico.

– Él vino aquí solo una vez. Se sintió mal y se desmayó.

Me dijo que aquí estaba impregnado de malos fluidos. Y aquí sintió remordimiento e ira y no podía decir de quién ni por qué. A nadie le gusta esto lugar desde que Victoria se suicidó aquí.

– O que la mataran – dijo Ana.

– Y... ¿Vámonos, ¿Ana?

– ¡Vamos!

Ana se sentía pesada y algo enferma. No aceptó la invitación del chico por andar más, se sentía cansada.

– Te agradezco por haberme llevado a la gruta. Por la noche voy a tu casa para darte clases.

El amigo de Ana entró a la casa y ella se dirigió al garaje, pero miró a su alrededor para ver si veía a Rodolfo; al no verlo, fue a su habitación y permaneció pensando.

– "¿Por qué Rodolfo tenía miedo que ella lo traicionara? ¿Será porque ya fue traicionado? ¿Sus sueños serían reales? ¿Podría haber sido Victoria, y Rodolfo, André? Pero ¿Cómo?"

Rodolfo se había sentido mal en la gruta y ella lloraba con la sensación de que allí perdió algo muy precioso. Pero ¿qué? ¿La vida?

Ana se sentó cómodamente en una silla, no sabía si había dormido o tuvo otra visión. Estaba en la gruta, toda ataviada con un bonito vestido, verde y con muchas joyas, abrazaba y besaba a un muchacho rubio, muy guapo e hicieron juramentos de amor. Cuando oyeron un ruido, el hombre corrió, abrió el pasaje secreto y ella se aterrorizó al escuchar llamarla.

– "¡Victoria! ¡Victoria! ¡Aquí estoy!"

¿Dónde está tu ¿amante? ¿Dónde? – Dijo Andrés furioso, entrando en gruta mirando a todas partes – . ¿Con quién me traicionas? ¡Dímelo!"

Victoria se rio desesperándolo aun más.

– "Como puedes ver, no hay nadie aquí."

– "Pero tú me estás traicionando, ¡yo lo sé!"

– "Tú eres un bobo. Me tratas como un criada. Te avergüenzas de mi pasado. ¡Y ahora se te metió en la cabeza que te traiciono! Aquí no hay nadie. Yo solo vine a andar. Traición solo en tu pensamiento."

Andrés se agachó y vio a taco partido de un zapato masculino.

– "Y esto, ¿de quién es? ¡Habla, Victoria!"

Se puso pálida, tembló y no respondió. André, loco de rabia, tomó la revólver de su cintura y le disparó en el pecho. Ella cayó y de su pecho brotó sangre y con esfuerzo se logró decir con voz débil:

– "Perdóname...!"

– "¡Nunca!"

Él respondió con frialdad, puso el arma cerca de su cuerpo y se fue, dejándola en agonía. La niña sintió un dolor agudo en el pecho, se levantó y siguió a André,[3] que volvió la mansión, reunió a los parientes y les dijo que Victoria se había suicidado en la gruta. Todos quedaron atónitos y Luis palideció. Se tomaron las medidas correspondientes. Todos sufrieron mucho. André, porque amaba a Victoria y por querer saber quién era su rival; ella, por remordimiento y por haber desencarnado cuando quería vivir encarnada por mucho tiempo. Luis se sintió culpable por haberla dejado sola en la gruta y por tener traicionado a su papá.

Ana El dio a salto de la silla, volvió en sí asustada, aun le dolía el pecho.

Se levantó y tomó Agua.

– "Fue André quien mató a Victoria. ¡Qué historia trágica!"

Se miró en el espejo, estaba blanco, se arregló.

– "Tengo que salir, Quédate en esto habitación sola me aterroriza; visitaré Ciro."

---

[3] N.A.E. Ana recordó su desencarnación cuando vivía como Victoria. Desconectada a través de una muerte violenta, fue separada de su cuerpo muerto, en periespíritu se levantó y siguió a André.

VIII
REENCARNACIONES

Golpeó suavemente en la puerta de la habitación de Cirilo y fue el Dr. Bernardo quién abrió.

– Entre, niña. ¿Cómo está usted, Ana Elizabeth?

– Bien. yo vine visita Ciro, Cirilo.

– Son amigos, ¿eh? Él no está muy bien. Le estoy cambiando la ropa.

¿Me quieres ayudar?

Ana asintió y se acercó al niño, que estaba más rojo que de costumbre por la fiebre, y el jadeo. El Dr. Bernardo mojaba una toalla en agua en un tazón y lo pasaba en el chico. Ana lo ayudó, luego le cambiaron su ropa, lo acomodaron en la cama.

– Bien, ahora dejémoslo dormir – dijo el doctor –. Vamos a salón. Ana, ¿usted está enferma, hija? – Preguntó, afectuosamente –. Está pálida y con ojeras.

La joven no pudo contener las lágrimas, ha pasado tanto tiempo que nadie ha preocupado con ella

– No siento nada físico, solo soledad y tristeza. No me estoy acostumbrando en esta casa grande, con poca gente, y ni con los fantasmas, las voces, yo...

– No te preocupes por las voces, el ruido de esta casa grande no te hará ningún daño – aconsejó el médico sonriente.

– ¿Cree que pueda escucharlas? ¿No cree que estoy loca por decir que las he oído?

– Hija, todos por aquí han escuchado las voces muchas veces. Yo mismo ya las escuché ¿Qué podría estar mal con esto? Somos eternos, ¿no? Y, cuando dejamos nuestro cuerpo por la desencarnación; es decir, por su muerte, el alma, el espíritu sale de para una nueva forma de vida. Si los dueños de esas voces vivieron aquí, amando, odiando, pueden volver aquí en busca de la solución de sus problemas. En este ambiente cerrado y enorme, impregnado de sus fluidos, nosotros los encarnados más sensibles podemos escucharlos.

– Realmente no entendí de qué estaban hablando – aclaró Ana, disfrutando de la conversación.

– Esas son sus cosas y no debemos entrometernos. Dejemos a los desencarnados. ¿Es solamente eso lo que tienes?

– Nostalgia, extraño a mi familia.

– No me pareces muy apegada a ellos como para extrañarlos así.

¿No quieres decirme lo que te pasa contigo, niña?

– No sé, no creo que me esté adaptando a esta mansión. Ya tuve enamorados, aunque no me interesé por ninguno. Ahora solamente pienso en el encargado que cuida los caballos, y…

El Dr. Bernardo se rio, se sentó en el sofá y tomando la mano de Ana hizo que se sentase junto a él.

– Hija, Rodolfo no es tan despreciable, es honesto, trabajador y sensible. Su apariencia no es la más bonita, pero no me pareces voluble hasta el punto de enamorarte solo de la apariencia física. Entonces podría ser una ilusión, quizás sea porque es el único chico que ahora te corteja.

– Ahí está el problema, Rodolfo huye de mí.

El Dr. Bernardo estaba a punto de responder, cuando Cirilo comenzó a hablar en voz alta y jadeo. Tú dos corrieron cerca del chico.

– ¡Hagan! ¡Obedezcan mis órdenes! ¡No olviden que conmigo Arturo, el dueño de este lugar, no se juega! ¡Quítenme las botas! Soy arturo, soy importante y todos deben temerme y obedecer. ¡Háganlo, rápido!

Tranquilamente el Dr. Bernardo acomodó a Cirilo en la cama, le dio agua, lo acarició y él dijo:

– ¡Cirilo, querido, cálmate!

El chico permaneció quieto. Ana no pudo de abrir bien los ojos. Recordó a Arturo, ese pariente que él admiraba. El Dr. Bernardo volvió a la salita y Ana lo siguió asustada.

– Cirilo está delirando. ¡Esto sucede siempre! – Exclamó el médico.

– ¿Él siempre habla de este Arturo?

– Siempre.

– ¡Virgen María! Yo pensé que él solamente lo admiraba.

– ¿Él? ¿Cómo lo sabes? Arturo es un antepasado de la familia...

– ¡Oh! ¡No lo sé! – Exclamó Ana, avergonzada.

– Sabe más cosas y me está ocultando. No deberías, Ana. Verás que puedo ayudarte mucho. ¿Cirilo te dijo algo sobre Arturo?

– ¡Oh sí! Ahora lo estoy recordando. Comentó que admiraba este Arturo, porque fue él quien hizo la fortuna de la familia y construyó esta casa.

– Sí, ¿y qué más?

Fueron interrumpidos por toques en la puerta, el Dr. Bernardo abrió y Doña Eleonora llegó y la saludó. Ana trató de explicarse.

– Vine para ver a Cirilo y ya estaba de salida.

– Venga a verlo cuando quiere, distraerá a Cirilo, él la aprecia – respondió Doña Eleonora cortésmente

Ana se fue, volvió a su habitación y empezó a leer un libro, en el momento adecuado, bajó a cenar. Cuando terminó y estaba a punto de irse, escuchó a doña Eleonora y al doctor hablando. Permaneció escuchando.

– Eleonora, voy a dormir en el habitación en Cirilo, me quedaré con él con gusto.

– Gracias Bernardo, hoy tengo un tremendo dolor de cabeza. Voy a retirarme ahora. Ya sabes, las preocupaciones, el irresponsable de mi sobrino me deja todo a mí, incluso al hijo. Le telegrafié con el estado del muchacho y ¿sabes la respuesta que obtuve de él? *"Tía, estoy bastante distraída en el nieves de Suiza, volveré en treinta y cinco días."* ¿Qué hago amigo si el chico empeora?

– Todo que lo que podemos lo estamos haciendo. Estamos cuidando con cariño a nuestro Cirilo. Raimundo, tu sobrino, un día despertará a su responsabilidad.

– ¿Y si el chico muere? – Preguntó Doña Eleonora preocupada.

– El padre sabe la gravedad de su enfermedad. Varios expertos fueron consultado. Tú no tienes culpa de nada, querida.

– ¡Tú eres muy bueno! ¿Qué haría yo sin tus sabios consejos?

Subieron a sus habitaciones. Ana fue a la suya y caminó nerviosa, de un lado a otro.

– "¿Será que me contrataron para enseñar a un moribundo? ¿Cirilo estaría a punto de morir? No puedo dormir sin respuestas. Iré a ver al Dr. Bernardo y le pediré explicaciones" – dijo Ana en voz bajo como era su costumbre.

Sabiendo que Doña Eleonora se había retirado a sus aposentos y que el Dr. Bernardo estaba en la habitación de Cirilo, Ana bajó lentamente las escaleras hacia el ala donde se acomodaba, después de subir, las que daban acceso a la otra ala. Abrió la puerta sin llamar, entró en la habitación del niño, cruzó y vio el médico sentado en un sillón mirando al chico que estaba dormido.

– ¡Buenas noches!

Ana lo saludó en voz baja. El doctor Bernardo se asustó, se levantó, vino a sentarse en el sofá de la salita y con un gesto invitó a la joven a sentarse a su lado.

– Estaba preocupada por Cirilo y no quería dormir sin saber si él había mejorado.

– La fiebre bajó y él está durmiendo. ¿Qué te trajo aquí? Veo en tus ojos preocupaciones. Deduzco cuales sean ¿el miedo al contagio? No te preocupes, nadie se enferma si no tiene predisposición. Te puedo garantizar que el contacto que tienes con él no ofrece ningún peligro.

– No es con esto que me preocupo.

– ¿No?

– Lo siento por el chico, me gusta; yo descubrí su enfermedad sola. ¿Dr. Bernardo, él se va a curar?

– No está en mí mentir. Si fuese solamente esta enfermedad, podríamos controlarla. Pero nuestro amigo tiene una insuficiencia cardíaca y los bronquios enfermos. Sin embargo tenemos esperanzas de mejoras.

– ¿Realmente irá a un hospital en el extranjero? Doña Eleonora dijo que él irá dentro de algunos meses. Le estoy dando clases con ese fin.

– Esperemos que sí – dijo el Dr. Bernardo con calma –. Me gustaría pedirle que fuese paciente y cariñosa con él y que además no le dijese nada sobre sus enfermedades.

– Usted le dedica gran estima, ¿no?

– Ciertamente. Soy médico, vivo solo en el pequeño pueblo cercano, soy viudo y con hijos casados actualmente atiendo a pacientes vinculados por la amistad. Cuido de la salud de la familia de Eleonora desde que me gradué. Estoy controlando los medicamentos de los especialistas que atienden al niño. Ahora que ya hablé de mí, ¿no quieres hablar a poco de ti?

Ana contó su vida y al final se compadeció mucho de sí misma, finalizando quejosa:

– Soy como Cirilo, despreciada y sola...

– No – dijo el médico –, no es así. ¡Es peor! Él no se queja, está enfermo, tiene dolor, fiebre que quema, no tiene un hermano como tú y lucha por vivir. Tu eres sana, estudiaste, teniendo un hermano puedes tener sobrinos y andas quejándote con inmensa autocompasión. Erramos mucho cuando nos despreciamos y cuando nos tachamos de fracasados. Dolor de nosotros mismos y pesimismo no nos conducen a ningún lugar. Quien siente dolor por tú mismo, merece que otras personas tengan pena por él. ¡De hecho, eres infeliz! ¡Pobrecita!

Ana enderezó su cuerpo, parándose derecha, estaba seria, sintió la ironía del médico y respondió altiva.

– ¡No soy infeliz! Soy una chica presentable y sé cómo desenvolverme. No quiero que tenga pena por mí!

– ¡Ave María! ¡Menos mal! Analicemos lo que te pasó. Tus padres tienen la derecho a elegir lo que más les convenga, ¿no crees? Tu eres adulta, sabes lo que quieres y puedes trabajar para mantenerte. No te amargues por tan poco.

– Dr. Bernardo, vine aquí para preguntarle sobre fantasmas. Me he visto, o mejor dicho, siento que soy yo, no puedo explicarlo. Soy yo en otra época y tenía otro cuerpo. ¿Usted me entiende?

– Hija, Dios nos creó para que seamos felices. Sin embargo, a menudo hacemos mal uso de nuestro libre albedrío, cometiendo errores y abusando del don de la vida. ¿Tú ya pensaste, Ana, en lo que es la eternidad? ¿En la inmensa bondad del Creador? Dios, nuestro Padre, no nos condenaría a un castigo eterno por una existencia de sesenta años. Nuestro cuerpo muere, pasamos a otro estado, a otra forma de vida y regresamos a vivir en un cuerpo carnal otra vez.

– ¿Todos los fantasmas son malos?

– No deberíamos llamarlos fantasmas, son personas como nosotros, que viven por un período de tiempo desencarnados. Gente de bien desencarna y siguen siendo buenos, esforzándose siempre por ser mejores. Gente mala sigue mala, pero hasta que entiende la necesidad de mejorar. Almas en pena, fantasmas son desencarnados que deambulan, normalmente, por lugares donde vivieron cuando encarnados, casi siempre atormentados por el remordimiento o por el odio.

– ¿Y cómo volvemos? – Preguntó Ana con curiosidad –. ¿Cómo podemos vivir en otro cuerpo?

– El cuerpo carnal que usa nuestro espíritu para encarnarse es perecedero. Cuando el cuerpo muere, el espíritu se va y luego se desencarna por un período de tiempo no determinado. Queriendo progresar, reparar errores, regresa para animar otro cuerpo todavía en el vientre materno y reencarna. Regresa con la bendición del olvido por mejor aprovechar las enseñanzas con el nuevo envoltorio. Pero podemos tener algunos destellos que traen vagos recuerdos de algún hecho, lugar o gente. ¿De qué es lo que te acuerdas, hija?

– Qué fui, o soy, Victoria.

– ¿La traidora? – Preguntó el médico frunciendo el ceño y mirando fijamente a Ana.

– Hasta somos parecidas.

– ¿Cómo lo sabes?

– Cirilo y yo fuimos hasta el salón de retratos y lo vimos.

– ¡Oh! ¿Entonces estuvieron haciendo extravagancias con el chico?

– Discúlpame, él insistió. No pensé que podría hacerle mal, desconocía su enfermedad.

Después Doña Eleonora me ordenó hacer todo lo que él quisiese.

– No tiene por qué pedir disculpas. Todo le hace mal a Cirilo, excepto el amor. Esa sala está bloqueada hace tanto tiempo, que ni yo la conozco.

– Cirilo sabía dónde estaba la llave, su papá le contó. Me quedé con curiosidad y fui con él. Vio el retrato de esta Victoria. Viéndolo sentí que era yo. ¿Al reencarnar siempre somos parecidos físicamente?

– No, es raro que seamos parecidos físicamente. El físico es hereditario, heredamos similitudes de nuestros padres biológicos, tanto que podemos ser blanco en una y negros en otro encarnación. A veces podemos parecernos al cuerpo que tuvimos en otra existencia, pero la mayoría de las veces físicamente no tenemos nada en común. Este sentimiento que dices tener, a veces nos lleva a ver similitudes que muchas veces no tenemos. Creo que estás nerviosa por los muchos acontecimientos. Toma esta píldora y ve a descansar. Prometo conversar contigo otra vez sobre este tema.

Se despidieron. Ana entonces recordó que tenía que ir a la casa de Michel y, aunque atrasada, fui allí. Como Cirilo no iba a tener clases hasta que se recuperara podría dar clases a Michel por la tarde, así no tendría que salir por la noche. Rápidamente se dirigió al garaje, llegó al patio. Y fue allí...

–¡Ufa...!

Ana sintió un soplo en la nuca, se dio cuenta que había alguien detrás de ella. El aire caliente la hizo estremecerse. Miró y vio una figura encapuchada y con sombrero. Del susto se quedó paralizada, quiso gritar, pero el sonido no salía. Luego, mirando de cerca, vio que era Rodolfo quien pasó por ella sin decir nada y lentamente entró en su casa. Ana se recuperó lentamente sin salir del lugar, porque mis piernas se sentían débiles. Su corazón se aceleró, latió con tanta fuerza que podía oír sus latidos en el silencio de la noche. Pensó en regresar a la mansión, pero ya había bajado a ver a Michel y a su casa se dirigió. Golpeó en la puerta y Eliane vino a atender.

– Bien noche, ¿Michel está? – Preguntó Ana confundida.

– Ana, ¿qué pasó? – Preguntó Michel, viniendo detrás de su hermana –. Te esperé un montón. Entre...

Eliane le dio pase, cerró la puerta y se quedó mirándola. Ana entró, abrazó a su amigo y dijo rápido:

– Michel, siento llegar tarde, no quería hacerte esperar. Es que Cirilo no está bien, fui a verlo y me quedé hablando con el Dr. Bernardo. Como no estoy dándole clases a Cirilo, tengo el día libre y podré darte clases por la tarde, ya que tú estudias en la mañana.

– Por la tarde ayudo a mi papá trabajando en la huerta, no puedo estudiar.

– Tú puedes, hijo mío – dijo Juan desde el dormitorio, mostrando que ya estaba acostado –. ¡Quiero que estudies! No hará diferencia un hora por día.

– ¡Entonces, así lo haremos! – Dijo Michel emocionado –. Haré más rápido el servicio. Podrás venir a la una, Ana.

– Sí, de acuerdo.

– Pero ¿qué te pasó? ¿Llegaste tan asustada? – Preguntó Eliane.

Ana se había olvidado de ella, que seguía de pie junto a la puerta mirándola de una manera extraña, parecía burlarse de ella. Entonces, Ana soltó los brazos de Michel que continuaban alrededor de su cintura. Había permanecido cerca de Michel, ese chico le daba seguridad, lo quería y sabía que él le dedicaba afecto sincero. Era una amistad de verdad.

– Es que... – tartamudeó Ana –, al venir por aquí, vi a Rodolfo y me asusté, él estaba caminando como si no me viese.

– Él asusta a todos y ni necesita ser de noche – dijo Eliane.

– Bueno, Eliane – reprendió Michel –. No es
nada de eso, te explico lo que le sucede a Rodolfo
para que entiendas.

– Buenas noches – interrumpió Eliane –. No
tengo beneficios de estudiantes enfermos, tengo que
levantarme temprano mañana y mucho trabajo.

– Buenas noches – respondió la joven
profesora.

Ana encontró desagradable a Eliane y sintió
que la joven también la encontraba antipática. Ella
salió de la sala y Michel continuó hablando.

– Es que Rodolfo es sonámbulo, anda
dormido y a veces viene aquí a llamar a Eliane.
Cuando tocaste en la puerta, pensamos que era él.

– "Viene aquí detrás de ella – pensó Ana.
Sentía rabia porque él la prefería –. No Debo amarlo,
creo que me estoy confundiendo, lo que siento por
él es miedo o atracción. No es posible que sea amor."

– Michel, ya voy a yendo.

– Te llevo hasta el garaje.

Ana estuvo de acuerdo. Al salir, observó
todo y no vio ninguna figura allí, respirado aliviada.
En el garaje se despidió de Michel y fue rápidamente
a su habitación.

Se preparó para acostarse y tomó la medicina
que le había dado el Dr. Bernardo. Estaba a punto de
irse a la cama cuando escuchó un susurro,

rápidamente se acostó y escuchó la voz de una mujer, sin embargo no vio nada. La luz de la habitación todavía era encendida. Esta vez, entendió bien lo que la voz fantasmal le dijo:

– ¡Tu eres la culpable! Hiciste de mi hijo un asesino. En vez de señor es un simple empleado. ¡Tú las pagarás, maldita!

Ana no oyó nada más. Se desmayó del susto y del miedo. Durmió hasta tarde al otro día. Sônia vino a despertarla. Entonces, recordó todo, la medicina que tomó, la voz que escuchó, las palabras en los oídos le martilleaban. Quería hablar con el Dr. Bernardo y contarle lo que había pasado. Se levantó con dolor de cabeza y sintiéndose mal. Se arregló y fue a la habitación de Cirilo, quería encontrar al doctor para ser atendida, aclarada.

Pero en la habitación del niño no estaba el médico, sino doña Eleonora. Cirilo estaba mucho mejor, no tenía fiebre y ni jadeaba. Sonrió para ella.

– Buenos días, Ana – respondió el chico al saludo –. Qué bueno que hayas venido a verme. No vamos clases hoy día, todavía estoy cansado.

– Y ni mañana ni pasado – dijo doña Eleonora siendo más comprensiva –. Solamente cuando Cirilo quiera tendrá otra vez.

Ana se quedó allí un poco más y luego se despidió. Fue a las habitaciones del anciano doctor, llamó suavemente a la puerta de su dormitorio. necesitaba golpear tres veces por ser atendida.

– ¡Buenos días! – Saludó el médico –. ¿Qué te trae por aquí tan temprano, Ana?

– Buenos días – Rápidamente entró en la habitación sin ser invitada y cerró la puerta –. Doctor, necesito de sus cuidados. Ayer tomé el medicamento y entendí la voz.

– ¿Cómo? – Preguntó el facultativo sin comprender lo que la joven había dicho.

Ana entonces le explicó todo. Estaba nerviosa y se retorcía las manos. Cuando terminó, el doctor Bernardo le ofreció agua. La mirada amable del doctor la calmó.

– Ana, solamente le di un suave calmante que no pudo porque daño.

Pero, para que te ayude, cuéntame todo sin esconderme nada.

Ana sintió vergüenza., pero entendió que, si quería ser ayudada, tendría que ser sincera. Y, sin esconder nada, le contó todo al viejo médico, el pasaje secreto, la bajada con Cirilo a las prisiones y la causa de su recaída, los recuerdos de la gruta, su afecto por Michel, la atracción y el miedo por Rodolfo, y la aversión por Eliane. Cuando terminó, se sintió más ligera. Después algunos momentos en silencio, finalizó:

– Nunca tuve esto, doctor, lo juro. No hay nadie loco en mi familia.

– Bueno, no creo que estés loca. Entiendo lo que te pasa y te lo puedo explicar.

– ¡¿Lo entiende?! – Suspiró la joven aliviada.

– Hija mía, tenemos en la religión espírita la explicación para estos fenómenos. Podemos entender, sin llamar de loca a la gente como tú. Cálmate niña. Todo tiene una explicación. Somos eternos, no este cuerpo que nace y muere, sino nuestra alma, nuestro espíritu. Dejamos el cuerpo como entramos, sin llevar nada material. Desencarnados seguimos con nuestros vicios y defectos o con nuestras cualidades y virtudes. Siendo que al tener el cuerpo muerto; es decir, desencarnado, todavía usamos otra envoltura que si llama periespíritu, que es todavía una materia, solamente que más sutil, idéntico al cuerpo físico que tenías. Por eso mucha gente que desencarna y no tienen conocimiento pueden creer que todavía está encarnada. Personas buenas que desencarnan son llevados a lugares buenos y agradables. Permanecen desencarnados por un período de tiempo y luego vuelven a nacer, reencarnar, en otro cuerpo. Las personas malvadas y aquellos considerados muertos, que no hicieron daño, pero tampoco hicieron bien, también deambulan cierto período, ya sea en lugares feos y tristes, o en sus antiguas casas. Todos reencarnan, y a través de la bondad de Dios tenemos siempre los oportunidad de progresar. Aquí encarnados tenemos que luchar para vencer nuestros vicios y hacer todo lo posible para aprender en el bien. Muchos espíritus, en este período de desencarnación, pueden vagar y perseguir a los encarnados, si éstos tienen la sensibilidad para verlos. En el Espiritismo, a gente así la llamamos de médiums. Volviendo a reencarnar, algunas personas pueden tener recuerdos en sus existencias pasadas.

– Es muy complicado – dijo Ana, que estaba prestando mucha atención a las explicaciones del médico –. ¿Usted cree que soy una reencarnada?

– Todos lo somos – corrigió el Dr. Bernardo riendo –. Ya tuvimos muchas existencias. Así, Ana, puedes haber tenido una existencia en que viviste aquí, en la mansión. O puede ser que algún desencarnado esté actuando sobre ti para hacerte desentrañar algunos misterios, como el pasadizo secreto y el crimen de André. Puede que no hayas sentido nada de esto antes, pero aquí, donde el pasado está marcado en estas viejas construcciones, es posible que todo esto haya influenciado tu sensibilidad.

Pensativo, el médico se calló. Ana pensó que lo estaba incomodando, él tenía que cuidar al niño enfermo.

– Gracias, doctor, creo que ya me voy.

– No te pongas nerviosa, estaré aquí en la mansión por un tiempo para cuidar a Cirilo. Tendremos tiempo para conversar y te explicaré todo despacio. Me gustaría ser tu amigo. Pero por favor no vayas a ningún otro lugar secreto, puede ser peligroso. No vuelvas al laberinto. Y todo lo que pasa contigo, por favor me lo cuentas. ¿Cómo es que se abre el pasaje?

Lo repitió y el médico lo memorizó.

– No vaya solo, Dr. Bernardo, si el pasaje se cierra, es muerte segura.

– No pensaste en eso cuando fuiste allí con el chico.

Ana se puso roja y él lo dijo riendo.

– No, no lo haré, no me gustan las prisiones, pero los restos mortales que están ahí necesitan una tumba.

– Si usted le cuenta a Doña Eleonora, ella me despedirá.

– Se lo voy a decir, pero no ahora. No te preocupes, ella no te despedirá. Si el esqueleto ha estado allí mucho tiempo, un poco más no hará ninguna diferencia.

Después de haberle agradecido y despedido, Ana bajó al jardín, no le gustó la idea de quedarse en su habitación. Miró los macizos floridos, apreciaba las flores, ellas le daban una sensación de tranquilidad y sencillez. Miró hacia la torre. ¿Será que la bandera blanca realmente había aparecido? Según decían, ella aparecería cuando los involucrados en el antiguo drama de odio, traición y crimen, estuviesen allí nuevamente. Podían estar todos allí reencarnados. ¿Ella sería Victoria? ¿Rodolfo sería Andrés? ¿Michel, Luis? Michel no se parecía en nada a Luis, pero ella sentía al ver el retrato de Luis que él sería ahora otra persona, ¿sería Michel? Y Eliane, ¿estaría ella también ligada al pasado? ¿Sería ella la esposa traicionada y asesinada? Rodolfo gustaba de Eliane, ella lo despreciaba y él tampoco la apreciaba. ¿El Dr. Bernardo estaría correcto en sus teorías? ¿La Ley de la Reencarnación realmente existía? Lo que escuchó del viejo médico tenía coherencia. Era algo que, si se razonase, permitiría entender tantas cosas consideradas como incomprendidas e injustas. Y Dios es justo y bueno. ¿Y los voz que escuchó, sería la de Alice, la madre de André? Ella la acusaba en haber hecho infeliz la vida del hijo y por haber reencarnado ahora feo, deformado y como un simple empleado. Consideraba que era su culpa y quería vengarse, asustándola.

Mientras pensaba eso fue caminando. Cuando se dio cuenta estaba en el pasaje hacia el garaje, cruzó el patio y se detuvo frente a los establos. Sintió deseos de ver a Rodolfo, entró y lo vio preparando comida para los animales

— Buenos días, Rodolfo – Ana sonrió tratando de ser agradable –. ¿Cómo estás?

— Buenos día. Estoy bien, gracias. ¿Sabes cómo está Cirilo? Me preocupo por él, es un chico triste y educado, me gustaría ayudarlo. Él es solo un niño y está siempre enfermo.

Ana pensó, a Rodolfo le gusta Cirilo y no se explica por qué. ¿No sería porque Cirilo había sido Arturo? Y una vez, como André, admiraba su antepasado? ¿Sería que todos estaban conectados al pasado? O tal vez Rodolfo simplemente estaba preocupado por Cirilo, que era muy educado, y su manera de ser toda debilucha y enfermizo despertaba lástima. Terminó hablando.

— ¿Visitarlo?

— ¿Por qué no le pides a Sônia que le pregunte al niño si no quiere verte? Podrías hablarle sobre los caballos que le gustan tanto.

— Voy a hacer eso. Pero ¿qué hace aquí?

— Estaba caminando sin rumbo y pasé por verlo.

— Está equivocada, Ana, usted no me interesa.

— No necesita ser tan maleducado. ¿Tú amas a Eliane?

– No. No amo a Eliane; ella me gusta como todos aquí. Ella es joven, bella y siento la necesidad de protegerla, de hacerla feliz. Quiero que ella se case este su novio y que nadie se interponga en el camino de su felicidad. También gusto mucho de Michel, es como si fuese mi hijo. Daría mi vida por él. Usted me asusta, Ana, es de la gran ciudad y debe estar bromeando conmigo. Tengo espejo, ¿lo sabe?

Rodolfo habló tranquilo y resignado, la miró bien y continuó:

– Eres hermosa, parece dañar a todos los hombres que te rodean. La miro y siento atracción y rabia. Algo me dice que me va a traicionar y que no debo confiar en usted. Disculpe, pero le ruego que no me busque más. Aquí estaba resignado y contento con mi trabajo, luego viene a molestarme, no es justo. Pronto partirá y...

– Si quieres, me quedo...

– No diga tonterías. ¿Cómo se quedaría? ¿Viviendo en mi casita? Dando clases en el pueblo? Seremos la bella y la bestia. Por favor, Ana, no juegue conmigo.

– Me besaste, me gustas. No me importaría, no me importa que seas así...

Otra vez Rodolfo la interrumpió.

– ¡Yo no quiero! ¡Yo no quiero! ¿Entendió? A veces siento rabia de usted, como si usted fuese la culpable de todo.

– Y si lo fuese, ¿tú me perdonarías?

– ¿Culpable? ¿De qué? Todo lo que ocurrió, usted ni siquiera estaba aquí – dijo Rodolfo con tranquilidad.

– ¿No crees que todo esto puede ser consecuencia del pasado? ¿De nuestros errores?

– ¿Ha estado hablando con el Dr. Bernardo? Tonterías, ya hablamos sobre esto. Incluso me dio libros para leer. No creo, pero no tengo nada en contra si es cierto. Y si es así, debo tener grandes deudas para redimir. Ana, siempre fui solitario, huérfano, lisiado y feo; me quedo pensando que, si Doña Eleonora vender esta propiedad, no voy a tener ni a dónde ir. ¿Quién me dará trabajo? Solamente si fuese en un circo.

– ¿En uno circo? – Preguntó Ana triste.

– Sí, como un payaso. Será interesante asustar a la gente y a muchas les gusta ver monstruos.

– No hables así – pidió la joven.

Ana entendió que Rodolfo sufría mucho y no quería hacerlo sufrir aun más. Le pasó la mano por la cicatriz, ya no le parecía fea. Michel tenía razón, Rodolfo era bonito.

– Bésame – pidió Ana suavemente.

Rodolfo la besó, pero pronto la empujó.

– ¡No! Tú eres una traidora. Siento que eres y siempre serás una traidora.

¡Déjeme, por ¡favor!

Ana salió del establo muy amargada, con sus manos se limpió el lágrimas que tercamente corrían por su rostro. Como si fuese atraída, miró hacia arriba. En la ventana de una de las habitaciones del ala sencilla, la que se estaba alojando, la figura de una mujer con un vestido verde la miraba con resentimiento. Fijó los ojos y no vio más. Salió corriendo del garaje con la intención en ir a su habitación.

Pero en vez de entrar a su habitación, fue a la habitación donde había visto el figura en la ventana. Sintió que su corazón latía con fuerza, estaba bajo un fuerte abatimiento emocional, se sentía con fiebre y temblaba. Forzó la puerta para abrirla, estaba cerrada, miró a la pared y colgada de un clavo estaba la llave; lo tomó y abrió la puerta. Entró, era una habitación sencilla que servía de depósito. Doña Eleonora debía haber guardado sus viejas pertenencias allí. En un rincón de la habitación estaba un baúl abierto y un vestido verde encima. Lo reconoció con gran temor como el atuendo que llevaba la mujer que había visto momentos antes. En el en el piso, junto al baúl, un abanico abierto con mango de nácar, negro, una hermosa obra de arte. En el cuarto también había un mueble con muchos cajones. Varios de ellos estaban abiertos y parecía que sus pertenencias habían sido volcadas.

Ana miraba todo aterrorizada, tenía miedo hasta de moverse, y se arrepintió de haber entrado allí. Fue entonces que sintió que alguien se acercó a ella y le habló. No escuchó con el sentido físico, parecía que le hablaba de mente por mente.

– ¡Ana Elizabeth, una vez Victoria, yo te odio! Si los otros perdonaron, yo no. Aquí he estado esperándote. ¡Tenían que reunirse todos aquí! Arturo el sanguinario, aprovechador, enriqueció con sangre inocente, hoy es heredero. ¡Ay, ay, ay! Heredero corroído por la lepra. Elaine, la primera esposa de mi André, al que traicionaste en su lecho de muerte, hoy desprecia a mi hijo por tu culpa. ¡Mi nieto Luis, pobre muchacho! Lo sedujiste, lo hiciste traicionar al padre que adoraba, todo es tu culpa. Hoy es el hijo del jardinero, ¿y por qué? ¡Por tu culpa! Rodolfo, mi Rodolfo, mi querido hijo André, bueno y noble, ¿qué fue de él? Traicionado, le fuiste infiel, obligándolo a matarte. Era lo único que él podría haber hecho, esposo traicionado. Te sacó de la pobreza, eras un criada. Ahora, ¿quién es André? Heredero de esta todo allí en los establos y encima deformado. Regresaste para recibir tu castigo. El Dr. Bernardo, la antigua hechicera, no podrá ayudarte.

Fue ella misma que dijo que todos se reunirían aquí para ser castigados. Él no te ayudará, no podrá ayudarte. Porque yo estoy aquí, esperé años y no te dejaré que ahora te acerques a mi André, hoy Rodolfo. ¡No y no! ¡Traidora! ¡Victoria traidora!

Ana no se movió, estaba tan asustada que no tenía fuerzas para nada, ni siquiera para defenderse de los cargos. Cuando vio que la figura se alejaba, entonces pudo moverse, salió corriendo de ese cuarto y fue a su habitación.

IX
<u>DR. BERNARDO</u>

Ana, aterrorizada, entró a su habitación, se acurrucó en una silla, estaba temblando y tenía la boca seca. Se calmó lentamente, miró su reloj, faltaba poco para la hora del almuerzo. Pensó en no ir, pero no comer no resolvería nada. Luego tenía que ir a la casa de Michel como había prometido. Oró, repitiendo oraciones mecánicamente, aunque, más tranquila logró rezar cómo si hablase con Dios. La oración que salió del corazón fuera hecha con sentimientos y esto la calmó.

Pensó, los fantasmas eran personas desencarnadas que deambulaban. Ella vio el espíritu de Alice, la madre de André. ¡Dios mío! ¿Será que estaban todos allí reunidos, todos los que vivieron aquel terrible drama del pasado? Estarían allí para ser castigados o para para reconciliarse? Y la más rencorosa, era, sin duda, Alice. ¿Será que este espíritu no la perdonaría?

Se levantó de la silla, se enderezó y bajó para el almuerzo. Elizete estaba retrasada. Fue Sônia que la vino a servir. Contenta, explicó pronto.

– La Dra. Janice vino a tratar de negocios con Doña Eleonora. Ellas están conversando y pronto vendrán a almorzar.

– ¿Ella permanecerá mucho tiempo aquí?

– No. Me dijo que se va mañana por la mañana. Debería quedarse toda la tarde con Doña Eleonora.

Ana le agradeció y pensó que el Dr. Bernardo estaría libre para hablar con ella. Desde que oró, sintió una enorme necesidad de hablarle y pedir ayuda. Si Alice dijo que fuera de él en el pasado quién predijo esta reunión, tal vez fuese porque él sabría cómo llevar a cabo los eventos en el presente. La joven profesora sintió que él era una buena persona y que recibiría su ayuda y orientación.

Se sirvió el almuerzo y Ana se esforzó por comer; no quería enfermarse, ya notaba que, por su ropa, había adelgazado. Escuchó voces en el comedor, era Doña Eleonora, la Dra. Janice y el Dr. Bernardo, hablando animadamente, comentando asuntos de eventos actuales.

Ana terminó de comer, salió, fue a la casa de Michel, y con ganas le dio la clase. Terminando, rechazó la invitación del niño para ir al huerto, prefirió buscar al Dr. Bernardo. Llamó a la puerta de su dormitorio, pero nadie respondió. Entonces, fue a la habitación de Cirilo, que sonrió al verla.

 — Ana, entre, siento por interrumpir en clases, pero estoy muy cansado.

Quiero aprender para ir a tratarme en el hospital en Europa.

 – ¿Dr. Bernardo está aquí?

 – Fue a la biblioteca a buscar un libro y vuelve enseguida. El doctor Bernardo es genial. Me trata muy bien, con cariño, pero tiene algunas ideas raras. Tú, ¿crees en los sueños? Sí – continuó Cirilo luego de un asentimiento con la cabeza de Ana.

 — Anoche soñé con mi madre. Nos abrazamos y besamos, luego ella me dijo:

 – "Cirilo, hijo mío, no te enojes con tu padre, no vale la pena, el Dr. Bernardo y tu tía te quieren mucho. Yo te amo, y estaré a tu lado consolándote. Pronto estarás viviendo conmigo. Ora siempre y que Dios te bendiga con todo mi amor."

 Me soltó los brazos y se fue alejándose. Me desperté contento, parecía que de verdad la había visto. Pero me "pegué" a lo que me dijo: "que pronto me iría a vivir con ella." Le conté el sueño para el Dr. Bernardo y él me dijo que probablemente me había encontrado con el espíritu de mi madre. Lo forcé a decirme lo que ella había querido decir cuando dijo que pronto viviríamos juntos. Él respondió que yo no lo había entendido correctamente, que ella podría querer decir que le gustaría ser viviendo conmigo. Pero creo, Ana, que debo estar con alguna enfermedad grave y que debo morir, o, como él dice, desencarnar pronto. No creo que esto sea una mala idea, aun más si voy a estar con mi madre. ¿Tú tienes miedo de morir?

Cirilo se emocionó al narrar el sueño y Ana lo miró con cariño, respondiendo lacónicamente:

– No.

– Ni yo.

Después un ligero toque en la puerta, el Dr. Bernardo entró en la habitación.

– Los dos están hablando animados, espero que no estén planeando nuevas extravagancias – comentó el Dr. Bernardo, riendo.

Ciro – dijo Ana –, lo siento mucho, creo que tuviste esta crisis por nuestro abuso.

– Le contaste al doctor, ¿eh? – Protestó el chico.

Era nuestro secreto, pero no importa. No te culpes, tengo muchas de estas crisis y últimamente he ido empeorando. Pero volveremos allí. Cuando esté bien, iremos los tres.

– Guardo tu secreto y acepto ir con ustedes. Cirilo, prométeme no ir solo, puede ser peligroso – sugirió el viejo médico.

– Si guarda el secreto, lo prometo. Pero ahora, por favor, déjenme dormir.

El medicamento que bebí hace poco me da mucho sueño. ¡Buenas tardes!

Ana permaneció mirando al Dr. Bernardo acomodar a Cirilo en la cama. El facultativo debería tener casi setenta años, tenía casi todo el cabello blanco, ojos azules y llevaba gafas con montura dorada y una barba limpia, tenía una cara redonda y una sonrisa bondadosa. Era de estatura promedio y le sobraban algunas libras, pero no estaba gordo. Ana lo encontraba extremadamente simpático como todos los que lo conocían.

El Dr. Bernardo y Ana salieron de la habitación, caminaron en silencio. Frente al cuarto del médico, ella susurró:

– Quisiera hablarle.

– No hace falta que hables tan bajo. Eleonora y la Dra. Janice están abajo, en la oficina hablando de dinero, seguro que se quedan hasta tarde en la noche. Entra en el mi habitación, Ana.

– Dr. Bernardo – comentó la joven, apenas se sentó en el sofá junto a él –, hoy vi a la madre de André, la señora Alice.

– Cálmate, Ana, cuéntame todo.

Ella le contó los acontecimientos, el médico la escuchó atento.

– Creo que viste y escuchaste a Alice. Voy a tratar de explicar lo que te está pasando. Las visiones que has tenido desde que llegaste aquí pueden haber sido por psicometría. Tú, con tu sensibilidad, leíste los eventos que quedaron grabados en esta mansión; o fueron recuerdos de pedazos de tu anterior existencia. La visión que tuviste en el salón de baile fue tan fuerte que te hizo desmayar. Te aconsejo que no vayas más a ningún lugar en esta casa.

– Dr. Bernardo, pero ¿y Paula, la hija de Doña Eleonora? Me dijeron que Alice se le apareció y la acusó de no haberla dejado nacer. ¿Será que ella iba a ser la hija de Paula y cuando ésta abortó pasó a acusarla?

– ¡Cómo se habla en esta casa! Pensé que nadie sabía sobre este hecho. Sí, Ana, así es. Cómo ya sabes, nuestro espíritu reencarna varias veces. Alice iba a reencarnar, se acercó del embrión que Paula esperaba, como ésta abortó, Alice insatisfecha pasó a perseguirla.

– ¿Con todos los que abortan sucede esto? – Preguntó Ana, asustada.

– Provocar un aborto él puede ser a drama violento, tanto para el cuerpo, como para la mente.

Espiritualmente es un grave error que puede traer graves consecuencias en sufrimientos. Quién lo hace, debe pedir perdón a Dios y al espíritu que fue impedido de nacer y tener el firme propósito de no hacerlo más.

Pero no debe martirizarse por el remordimiento, y sí reparar en el bien el error cometido. Porque todos nosotros ya estuvimos equivocados, lo importante después de tener conocimiento del error – en esto caso, provocar el aborto – no repetirlo. Lo que ocurrió con Paula puede suceder con muchas personas; en el caso, ella veía y oía, en otros casos el desencarnado actúa sin que el encarnado vea o escuche, pero sufre su influencia. Si el espíritu quien iba reencarnar tiene comprensión al ser abortado, se aleja y tratar de reencarnar en otro nuevamente. Pero, si el reencarnante fuese un espíritu sin comprensión, él puede acechar a la mujer, o a la pareja por haberle impedido haber nacido. Hemos visto dolorosas obsesiones por esta razón. Alice persiguió a Paula por haberle impedido reencarnar.

    – ¿Y ella aun persigue a Paula?

    – No, después que Paula fuera al convento, Alice se rindió. Ahora, Paula, haciendo el bien, progresa espiritualmente y ha salido del rango de vibración en el que Alice pudo obsesionarla.

– Dr. Bernardo, nadie sabe quién era el padre del hijo de Paula. Pero yo creo que lo sé. Cirilo me dijo que su padre le contó que salía con ella. El padre del hijo de Paula fue el señor. Raimundo. ¿Usted sabía de eso?

– Cuando Eleonora me llamó para cuidar a Paula, ella ya se había hecho el aborto. Ella la pasó muy mal, deliraba y... tienes razón, Raimundo era el padre de su hijo. Pero por favor no se lo digas a nadie, ha pasado tanto tiempo y Paula ha sufrido mucho, ni siquiera Eleonora lo sabe. Salían a escondidas con su prima y cuando salió embarazada Raimundo no quiso asumir y viajó. Ella se quedó desesperada y abortó. Cuando se recuperó físicamente, el espíritu de Alice comenzó a perseguirla acusándola de no haberla dejado reencarnar. Paula no entendía nada sobre la reencarnación y encontraba imposible haber privado a alguien de haber nacido, pues Alice ya había nacido y muerto cuando nació Paula. Cuando Raimundo se casó, Paula, desilusionada, pensó que solo en el convento rezando y haciendo el bien sería perdonada por su crimen. Ella es una buena hermana de la caridad. Aprendió a vivir con su mediumnidad y no le cuenta a nadie lo que ve y oye. Pero muchos empleados de la mansión en ese momento vieron a Paula habla con Alice o un fantasma, y como ellos no podían ver ni oír, pensaron que Paula estaba loca.

– Ella sufrió mucho – él dijo Ana –. No voy a hablar con nadie sobre este asunto, Dr. Bernardo, pero ¿por qué veo yo a Alice?

– Tú eres médium. Aquí en esta casa, los espíritus pueden disponer de la mediumnidad de Eleonora. Ella nunca quiso trabajar con su mediumnidad. Y los desencarnados usan los fluidos de Eleonora para ser escuchados y asustar a algunas personas.

– ¿Y qué hay de lo que me dijo Alice que usted también estaba reencarnado aquí y que predijo que nos íbamos a reunir otra vez?

– Siempre pensé que tenía algún lazo con esta casa. Recordé algunos hechos de mi pasado. Sé que ya tuve conocimiento de ocultismo. Gertrudes, la hechicera del pasado, era solo una sensible, una estudiosa del ocultismo y por eso ha ganado ese apodo de "bruja." Si Alice te dijo que yo fui ella, investigaré más sobre su vida y quizás la recuerde. Si en el pasado yo dije, o Gertrudes dijo, que nos volveríamos a encontrar todos aquí, tal vez fue porque sabía que todos necesitaríamos entendernos para progresar. No es por casualidad que, ciertamente, estoy aquí.

– Dr. Bernardo, ayúdeme. Si cometí errores en el pasado, no quiero volverlo a hacer. Luego, tengo miedo, Alice me quiere castigar. No es justo; el pasado pasó y ahora no he hecho nada malo.

– El pasado ha pasado y no podemos cambiarlo. Todo lo que hacemos es de nuestra responsabilidad. Ahora puedes pedirle perdón, orar y enviarle a Alice pensamientos buenos y cariñosos. Yo te ayudaré, estoy aquí para ayudar a todos.

– Usted es tan bueno. ¿Ya ha sufrido en la vida?

– Sí, ¿quién no ha pasado por momentos difíciles? Me quedé huérfano de padre a los dos años y mi madre hizo muchos sacrificios para criarnos, a mí y a mis dos hermanos. Tenía ocho años cuando ella se volvió a casar. Mi padrastro era antipático y muy ordenado, pero nos hizo estudiar. Mi hermano mayor desencarnó en la adolescencia. Erica, mi hermana, se quedó soltera y vive conmigo. Me casé justo después de graduarme, enviudé diez años después. Mis hijos estudiaron y ninguno de ellos quería vivir aquí porque pensaban que el pueblo era pequeño. Amo mucho a mi profesión y, aun jubilado, trabajo. Pero siempre me consideraron un niño problemático, vi y conversé con mi padre y con parientes desencarnados. Miraba a las personas y decía si veía a alguien desencarnado con ellos, a veces, predije el futuro. Mi madre se molestaba con estos hechos y fui castigado por ella o mi padrastro. Una tía me convenció de no hablar con los otros lo que veía o sentía para no asustarlos. Pero para mí estos hechos eran simples y no entendía por qué eran problemas. Así que aprendí a callar y esto resolvió en parte mis problemas. Cuando fui a estudiar Medicina en una ciudad más grande, le comenté estos hechos a la dueña de la pensión donde vivía y me recomendó ir a un Centro Espírita. Queriendo realmente ayudarme ella me llevó hasta allí. ¡Cómo me gustó! Me encantaron desde la primera vez las reuniones de la Casa Espírita, me maravillé de la Doctrina y de la enseñanzas de Allan Kardec. Me hice parte del grupo. Conocer el Espiritismo fue lo mejor que me pasó. Entendí que todo lo que vi y sentí tenía una explicación y que yo era médium. Empecé desde entonces a usar este don para hacer el bien. Me gradué, vine aquí, donde organicé un grupo de estudio y trabajo espírita; nos reunimos todos los martes y los sábados.

– Doña Eleonora mismo siendo médium, ¿no se interesó en ir a estas reuniones?

– No, conversamos a veces sobre el tema. Ella ya vio muchos desencarnados y los escucha con frecuencia, pero no se interesó en estudiar o ser útil con su mediumnidad. Me gusta comparar la mediumnidad con un talento que el Padre nos dio y lo usamos como queremos, porque nuestro libre albedrío es respetado. Muchos, al recibir este don, reencarnan y multipliquen este talento en el trabajo del bien y aprendan mucho. Otros, cómo Eleonora, entierran su talento, dejándolo oxido por carecer en utilizar y habrá que dar cuenta de esto. No trabajando para el bien, se hacen mucho daño a sí mismos. Otros, desafortunadamente, lo utilizan para el mal, dañando a los demás y mucho más a sí mismos. La mediumnidad es un don por el cual debemos dar gracias, agradecer por tener esta oportunidad y, por ella, a aprender y reparar errores. Si aquí viví como Gertrudes, tuve mediumnidad, no debo haberla usado mucho para el bien. Sabes, Ana, pensando bueno, debo haber sido realmente Gertrudes. Esta mansión siempre me atrajo. Recuerdo con emoción cuando estuve aquí por primera vez para atender a la madre de Eleonora, yo...

La cortina de la ventana se movió como impulsada por el viento. Ana y el Dr. Bernardo se miraron sobresaltados y apareció la figura de Alice. Los dos la vieron. Ana permaneció sin habla, blanca e inmóvil. El Dr. Bernardo miró la figura, sintió quién era y dijo gentilmente.

– Alice, bienvenida, ¿quieres hablar con nosotros?

Alice habló, pero el Dr. Bernardo no pudo oírla ni entenderle. La vio mover los labios, queriendo comunicarse con él. Alice entonces se acercó a Ana, fijó su mente en la de ella. Y comenzó el intercambio, o sea, una incorporación. Por alambres de transmisión de la mente de la desencarnada a la mente del encarnado, Ana comenzó a transmitir a través del habla el pensamiento de Alice.

– Buenas tardes, Gertrudes – dijo Alice, a través del dispositivo mediúmnico de Ana –. Los estaba escuchando a ustedes dos conversando, dijeron mucho de mí. Dr. Bernardo, cómo se siente ahora en esta miserable túnica de un pobre charlatán y aprendiz de medicina.

– Bien, mucho bien, he aprendido mucho en esta encarnación con la oportunidad que se me ha brindado. Si como Gertrudes sabía de leyes sobrenaturales, como el Dr. Bernardo las uso para el bien. Y tú, Alice, ¿cómo te sientes acechando y negándote a perdonar?

– Malo, muy mal y por eso con más odio.

– Llevas muchos años aquí en la ociosidad, podrías haber aprovechado mejor tu tiempo.

– ¿Ociosidad? Desde cuándo una persona rica vive en la ociosidad?
Trabajo es para los sirvientes.

– ¿De qué vale ahora la riqueza que disfrutó? – Preguntó el Dr. Bernardo con tranquilidad –. ¿Ahora eres rico en bienes materiales? ¿Qué posees?

– Eso es lo que más me indigna. Sé que puedo reencarnar y ser una criadita.

– Una persona asalariada es más feliz que tú. El trabajo hace que crezcamos. Debemos estar orgullosos de trabajar. ¿Fuiste feliz sin trabajar? ¿Eres feliz?

– No, no sabes que no – continuó hablando Alice a través de Ana –. ¡Maldita seas, Gertrudes! Si antes ya sabías mucho, ahora te has perfeccionado. Quise hablar contigo para hacerte recordar. Sabes que sufrí mucho con las tragedias que le sucedieron a mi hijo André. Sabías quién era el enemigo que mi André estaba buscando y no dijiste nada. Era su propio hijo, mi nieto Luis. Te lo agradezco, evitaste otra muerte con tu silencio. Todos nosotros sufrimos mucho. Vi, desde entonces, a mi hijo triste y amargado. Se convirtió en un asesino por amor a esta Victoria. Tú predijiste que todo indicaba que en el futuro todos nos reuniríamos aquí. Pasó de boca en boca, alguien inventó que aparecería en la torre la bandera blanca. Ahora, con todos aquí, yo puse la bandera en el asta. El juicio debe comenzar. Debemos castigar la culpable. Yo la condeno y tengo un plan...

– Alice, cuando trajeron a la mujer adúltera a Jesús, Él no la condenó. si Él no la juzgó, nosotros no debemos juzgarla – dijo el viejo médico amablemente.

– ¡Doctor de una perdida! ¿Estás de su lado? ¿Olvidaste de mi sufrimiento?

Gertrudes, dijiste que nos encontraríamos...

– Todos nosotros debemos reconciliarnos con nuestro próximo. Nos encontramos todos aquí, es verdad, pero no para castigo, sino para reconciliación. ¿Quién no se equivocó, Alice? Todos nosotros, amiga, ya nos equivocamos. Y todos nos perdonamos unos a otros, menos tú. André perdonó, reencarnó como empleado donde fue señor, para aprender a ser humilde. Michel es hijo de uno de los trabajadores de la propiedad, dedica sincera amistad a Rodolfo, los dos son amigos. Eliane, una vez orgullosa y arrogante, fue asesinada y perdonó, ahora no quiere a Rodolfo por esposo, pero no la odia Y tú, Alice, sabes que Rodolfo no te ama y nunca te amó, él quiere enmendar el error que cometió con ella, por eso la protege. Rodolfo, una vez Andrés, tu hijo, asesinado dos esposas, recuérdalo, Alice, que él además asesinó a Victoria y ésta lo perdonó y ahora lo quiere bien. Quieres castigar a Ana y no te diste cuenta que su vida no es fácil. Ella haría feliz a Rodolfo, si este la quisiese. Victoria desencarnó asesinada, sufrió mucho, perdonó, pidió perdón y no se detuvo en el tiempo. Reencarnó y lucha para progresar. Aquí está para reconciliarse y no para ser castigada.

Mientras el Dr. Bernardo aclaraba a Alice, dos compañeros desencarnados la envolvieron limpiándole sus fluidos perjudiciales y transmitiéndole energías beneficiosas. Ella se sintió bien y empezó a tener sueño.

– ¿Qué me estás haciendo, viejo mago? ¿Me estás curando? Tengo siempre muchos dolores y hace mucho tiempo que no duermo. Ahora estoy con sueño.

– Alice – le aconsejó el Dr. Bernardo, con mucho cariño –, deja todo aquí, nada es tuyo y no es tu responsabilidad castigar a nadie. Si nos reunimos aquí no fue por tu voluntad o la mía, sino de Dios. Debido a la necesidad que cada uno de nosotros sintió de reconciliarse y tener paz. Deja que los encarnados se entiendan, el chico Cirilo no está bien.

– El Arturo de antaño, orgulloso y malvado, ahora frágil y leproso. Tú estás aquí, pero no es para reconciliar, no tuviste desavenencias, estás ayudando de hecho. Observo a Cirilo y tengo miedo. ¿En quién me convertiré cuando me reencarne? No era mejor que Arturo, era orgullosa y mala.

– Alice – continuó el Dr. Bernardo, aclarándola –, no reencarnamos solo para sufrir, pero para progresar. Si consigo ayudarte, que una vez hiciste parte de la mi familia de sangre, me regocijaré, porque amo a todos como a mis hermanos, hijos de un mismo Padre. No debes preocuparte de rescatar errores a través del sufrimiento, podrás repararlos en el trabajo en el bien. Comienza de nuevo perdonando y pidiendo perdón. Perdonar nos hace bien a nosotros mismos.

– Si todos tienen que ser castigados, Ana cosechará lo que plantó – dijo Alice a través de Ana –. En un punto tienes razón, no hay necesidad de castigar a nadie, nuestra conciencia es nuestro más grande verdugo.

– Cosechamos lo que sembramos, pero de nuevo te digo, no necesitamos solamente sufrir para rescatar nuestro errores. Podemos, por el trabajo en el bien, modificar el plantando

– Hace tiempo, Bernardo, que no me siento así, me siento bien. Tú me tratas bien, creo en ti, debo dejarlos y cuidarme. ¡Al diablo con ellos!

– Alice, ¿ves a estos dos espíritu tu lado?

– ¡¿Dónde?! ¿Son malos? ¡No quiero!

– Éstos son buenos, son mis amigos y compañeros. Quieren ayudarte.

– Ahora los estoy viendo. Son diferentes, son bonitos.

– Ellos te llevarán a un lugar donde deberías haber ido hace mucho tiempo. Es un Puesto de Socorro en el plano espiritual donde serás atendida y aprenderás muchas cosas. Pero antes perdonar Alice, para ser perdonada.

– Solamente a Dios pido perdón.

– Entonces hazlo y perdona – pidió el Dr. Bernardo.

– Son simpáticos éstos tus amigos. Lo dejo todo, no está siendo fácil para ver mi André sufrir así. Que Dios me perdone y yo perdono a esta Ana, yo perdono a Victoria.

Alice durmió y los amigos rescatistas se la llevaron. El Dr. Bernardo le dio un pase a Ana que despertó confundida.

– ¿Qué ¿ocurrió? Parecía hablar, hablaba sin querer. Era extraño, todo me parece tan confuso. Nosotros vimos a Alice. Ahora, ¿a dónde se fue?

– Alégrate, Ana, se reconcilió con su próximo. Agradezcamos a Dios.

Alice se fue y no la veremos más. Tú cómo médium serviste de intérprete y hablé con ella orientándola. Vamos rezar.

El Dr. Bernardo bajó los ojos y con voz armonioso recitó la oración de Cáritas.

– Dios nuestro padre...

Ana escuchaba con emoción, ya no tenía miedo. Al final se había reconciliado con Alice, esto le hizo mucho bien. Cuando nos entendemos con nuestro prójimo, sentimos una alegría pura. Quería que Alice fuese feliz. Sintió sueño y quiso dormir.

– Vete, hija – dijo afectuosamente el Dr. Bernardo –. Vete a descansar.

Ana agradeció, se sintió agradecido con aquel viejo y amable médico. Fue a su habitación, se acostó y se durmió tranquilamente.

El Dr. Bernardo agradeció a sus amigos desencarnados, eran compañeros de trabajo que amablemente vinieron en respuesta a su pedido tan pronto como vio a Alice. Los dos amigos sonrieron. "Los compañeros no te lo agradecen – dijo uno de ellos – por el trabajo en común progresamos y aprendemos juntos."

Quedándose a solas, el Dr. Bernardo comenzó a pensar. Amaba a Eleonora desde hacía mucho tiempo. tiempo desde que la vio. Ella se casó y él también. Eran viudos y ninguno de los dos se volvieron a casar. Nunca se atrevió a hablar directamente de su amor por ella. Eleonora era fría y, si la conversación iba en ese tema, ella lo cambiaba inmediatamente. Cuando el esposo en Eleonora se enfermó, él la hizo prometer que no se volvería a casar. Después de desencarnado, apareció a menudo a ella exigiendo la promesa. Y él se quedó vagando por su ex hogar, a través de mansión. Él sufría y no quería que ella se casase de nuevo. Eleonora le tenía mucho miedo. Pero un día, el Dr. Bernardo y su grupo Espírita adoctrinó al ex marido de Eleonora. Esclarecido se fue al plano espiritual. Años luego, volvió para pedir perdón a Eleonora y le dijo que ya no tenía que cumplir su promesa. Pero ella era se consideraba vieja, con muchos problemas para casarse otra vez, o porque ella nunca amara al Dr. Bernardo como él a ella. Sí, tenía amistad, lo quería así; él respetó su manera de pensar y estaba feliz con su amistad. Nunca se preocupó con lo que había sido en el pasado, lo que había sido en otras encarnaciones, el pasado ya pasó, y lo importante es el presente, lo que debemos hacer es aprovechar las oportunidades que tenemos en el bien. Ahora, ahí estaba como una pieza del pasado, tratando de ayudar a los hermanos a reconciliarse. Pensó en Cirilo, quería bien al chico, el antiguo Arturo, que ahora había venido para desencarnar en la mansión, en las tierras que disfrutó como administrador en un período. Como es importante administrar con justicia y amor lo que Dios entregado. Ahí estaba André, el delincuente, ahora Rodolfo, que aprendía a servirlos; Victoria como Ana; Michel que fuera de Luis; la esposa asesinada como Eliane, y él. Y que Dios lo iluminase para poder ayudar a todos. Pensando en Jesús, oró con sinceridad y fe.

De un salto se levantó de la silla, había pasado diez minutos del medicamento de Cirilo, fue rápido a la habitación de su pequeño paciente.

Ana solamente despertó con Sônia llamándola para almorzar.

X

<u>EL CRIMINAL</u>

Dos semanas pasaron tranquilas. Cirilo todavía continuado enfermo, alternando entre mejoría y recaídas. Los horarios de las clases se redujeron. Sin embargo, Ana iba siempre a verlo por la noche y le hizo compañía. El Dr. Bernardo volvió a su casa, pero regresaba siempre a ver al chico.

Ana iba todas las tardes a enseñar a Michel, que aprendía rápido y casi no necesitaba más de clases

Rodolfo la evitaba, en las pocas veces que Ana lo encontraba, él se limitaba a saludarla con frialdad. No se escuchó nada más de sobrenatural en la mansión y ni Ana viera algo extraño, pero un fuerte presentimiento de peligro la hacía estar siempre alerta.

Recibió noticias de su familia, su hermano incluso estaba listo para casarse y fijar residencia en la ciudad donde estaba. Su papá decía que estaba saliendo con alguien y que tenía nostalgia. Su madre

162

no respondió a la pregunta que le había hecho de "¿dónde viviría cuando regresase"? En la carta ella contaba emocionada de sus paseos, que estaba bien y agradecida por tener aceptado aquel trabajo, llevándola a separarse de su marido. Ana estaba triste, nadie se preocupaba por ella. El hermano la apreciaba, pero solo pensaba en él, él también había sufrido mucho por las peleas de los padres. Su padre y su madre solo pensaban en ti mismos sin importarse con lo que estuviera sucediendo con ella

No quería irse más. Quedarse allí hasta ser despedida. Con el dinero que recibiera podría partir y conseguir una pensión para vivir, viviría sola. "Si por lo menos Rodolfo la quisiese – pensó, suspirando.

"Serías capaz, Ana Elizabeth, de vivir aquí con él? – Dijo en voz alta –. No lo sé, no lo sé..."

Ana estaba en la ventana de su dormitorio mirando hacia afuera, todo era tranquilo, cuando escuchó el ruido de un coche.

– "¿Será el Dr. Bernardo?"

Cerró la ventana y bajó a saludar a su amigo. Pero en medio de las escaleras se detuvo asustada, se estremeció. Escuchó una voz gruesa y sin prisa hablando con Doña Eleonora. Ana pensó que debía ser el señor Raimundo, el sobrino de su patrona. Continuó bajando las escaleras con cautela, su corazón latía con fuerza. Estaban en la sala de la escultura de piedra, Sônia, Doña Eleonora y él. Ana vio la cara del recién llegado. Sujetó el pasamanos con fuerza, a su mente vino la escena que vio en los establos. Estaba frente al criminal, del asesino de su propio padre. Ahogó un grito, sintiendo que todo giraba, cayó desmayada. Los tres corrieron a ayudarla.

– Se ha desmayado – dijo doña Eleonora –. Raimundo, esta es la profesora de idiomas de tu hijo. No sé qué le pasó, ella es tan educada y reservada. ¿Qué la habrá llevado a sentirse mal?

Raimundo los examinado y comentó:

– ¡Interesante!

Eleonora lo miró con el ceño fruncido y dijo sería:

– No quiero intimidades en mi casa.

– Nuestro casa tía, nuestra casa...

– Respeta a la maestra de tu hijo – dijo Doña Eleonora.

Raimundo no respondió. Dio media vuelta y subió las otras escaleras pensando que la chica era realmente muy interesante, tal vez se divertiría en los días aburridos que tendría en pasar allí.

Sônia le frotó las muñecas a Ana y ella volvió en sí, muy asustada.

– El asesino, vi al asesino de aquel señor que murió en los establos, yo lo vi, yo...

– Tranquila, Ana – dijo Sônia ayudándola a sentarse en el paso de la escalera.

– Tuviste un desmayo.

– ¿Qué dijiste niña? – Preguntó Doña Eleonora nerviosa.

– Yo, bueno... – tartamudeó Ana –, no sé, yo pensé... no sé...

Ana realmente no sabía qué decir. Doña Eleonora la miró y ordenó:

– Hoy no necesita dar clases a Cirilo. ¡Vaya a descansar! – Subió las escaleras detrás del sobrino.

– ¿Qué pasó, Ana? – Preguntó Sônia –. ¿Viste algún fantasma?

– Creo que sí, yo...

– Cuéntame lo que viste. ¡Qué emocionante! ¡Quería tanto ver un fantasma!
¿Cómo era él?

– Muy delgado, alto, de patillas gruesas, cabello negro, voz sin prisa y gruesa, vestido bien y…

– ¡Ah! – Exclamó Sônia –. Yo pensé que habías visto un fantasma.
Solo viste al sobrino de doña Eleonora, don Raimundo, padre de Cirilo, que llegó en viaje. ¿Estás segura que estás bien? ¿No quieres ir a ver al Dr.

Bernardo en el pueblo para una consulta? Tú me pareces enferma, estás pálida.

Ana pensó que era una buena idea, ansiaba contarle al amigo lo que viera.

– Pero, ¿cómo ir? – Preguntó Ana.

– Eso no sé – respondió Sônia –. ¿Tú sabes conducir? ¡No! Solamente si le pides a Rodolfo que te lleve. Pero él debe tener mucho trabajo. Y yo también, debo arreglar la habitación del señor Raimundo.

Sônia se fue, Ana se levantó toda temblando, estaba con muchas ganas de hablar con el viejo médico. Bajó por el patio y encontró a Michel.

– Michel, necesito ir al pueblo, ¿cómo puedo ir?

– Solamente a caballo, en carreta o en coche y tal vez tengas que ir sola. Con la llegada del señor Raimundo tendremos mucho trabajo, él mira todo, lo investiga, es un pesado.

– ¿Doña Eleonora permite eso? – Preguntó Ana indignada.

– Qué hacer, él es dueño de la mitad de la propiedad. Allí viene Rodolfo, habla con él, tal vez pueda llevarte.

Rodolfo, ven aquí, Ana necesitar ir al pueblo, ¿no puedes llevarla?

– Buenos días – dijo Rodolfo sonriente, saludando a Ana –. Ahora es totalmente imposible. El señor Raimundo ya me pidió para llevarlo a las plantaciones.

– ¿Y por la noche? – Preguntó Michel.

– Por la noche puedo, pero queda saber si Ana querrá ir al pueblo por la noche.

– Quería ir a la casa del Dr. Bernardo – comentó Ana.

– En ese caso – propuso Rodolfo –, pregúntele a Cirilo si el doctor estará en su casa. Cirilo y Doña Eleonora siempre saben dónde está, así no perderá el viaje. Si quiere ir, es solamente ordenarlo.

– No ordeno nada, además soy empleada.

– Viendo al señor Raimundo por aquí, hasta podría decir que vino detrás una cola de falda – respondió Rodolfo con ironía –. Esta cola de falda podría ser usted, vino en un ciudad grande y...

– ¡Mira cómo hablas! – Exclamó Ana enfadada –. Si vine aquí fue para trabajar, porque conseguí un trabajo que no podía conseguir donde vivía. Si estoy aquí sola es porque estaría en cualquier parte. Tengo un hermano que vive lejos, mis padres están separados y llevan una vida de solteros sin interesarse por mí. Soy honesta y recta. Y nunca le daría confianza a este Sr. Raimundo, que ya me es muy antipático. Debe haber venido porque Cirilo está muy enfermo y parece que empeora.

Ana, mientras hablaba, bajó la voz y terminó, incluso sin querer, llorando. Michel la abrazó cariñosamente y miró feo a Rodolfo.

– Discúlpame, Ana – se corrigió Rodolfo –. No quise ofenderla, la llevaré con gusto al pueblo, si decide ir, estaré esperándola.

Rodolfo salió y Michel, acariciando los cabellos de Ana, la consoló diciendo:

– No le hagas caso, creo que Rodolfo tiene celos de ti. Ana, Cuidado con el señor Raimundo, es terrible. Papá ya escondió a Eliane en casa y ella pronto se irá a caballo a la casa de mi tío José en la ciudad, y se quedará allí hasta que él se vaya. La otra vez que estuvo aquí el señor Raimundo, miraba mucho a mi hermana y un día la persiguió por el patio. Él presta atención a todos aquí. Si él viene con amigos, nos deja más tranquilos, a nosotros los empleados, pero incomoda mucho más a Doña Eleonora. Tú, mi amiga, eres muy bonita, deberías llamar su atención. Cierra la puerta de tu dormitorio y no la abras sin asegurarte quién toca.

– La cerraré con llave – prometió Ana, asustada –. ¿El señor Raimundo suele quedarse mucho tiempo aquí?

– No, menos mal que a él no le gusta estar aquí. Seguro que está sin dinero. Como decía mi padre, viene aquí solo para sacarle dinero a Doña Eleonora. Ya vendió cuadros y joyas de la familia, se los lleva y los vende, o sea, se roba la parte en nuestra patrona.

– ¡Qué plaga! Pobrecito de Cirilo, no merecía tener un papá así.

– ¡Pobrecito! – Concordó Michel.

Ana volvió por su habitación, en la hora cierta bajó para el almuerzo y luego fue a enseñar a Michel. Luego subió a la habitación de Cirilo, pensando que el niño estuviese solo. Encontró a Cirilo emocionado, le sonrió. Estaba sentado junto a la mesa y jugaba con un juego.

– Ana, mira, papi me lo trajo.

– ¡Qué bonito! – Ana estuvo de acuerdo, luego le preguntó al niño:

– Ciro, ¿será que el Dr. Bernardo estará en su casa hoy?

– Sí está, nos dijo que no iba a salir. ¿Por qué? Estoy bien, solo estoy con un poco en fiebre, yo...

– ¿No me presentas a tu linda profesora?

Ana se asustó. El Sr. Raimundo salió del baño entrometiéndose en la conversación con su voz desagradable y mirando hacia ella atrevidamente.

– Esta es Ana Elizabeth, papi.

–Mucho gusto – dijo el papá del chico, tomando su mano –. ¡Encantado! ¡Es muy bonita! ¿Cómo está?

– Mucho gusto – respondió Ana jalando su mano –. Estoy bien, gracias. Si estás bien Cirilo, ya me voy, tengo mucho que hacer. ¡Hasta pronto!

Salió casi corriendo, bajó al patio, vio a Michel frente a su casa y le pidió que le diera el mensaje a Rodolfo que irían al pueblo.

Ana subió a su habitación, recordando la mirada del señor Raimundo y cerró la puerta con llave. Esperado emocionada la hora acordada para ir a la casa del Dr. Bernardo. Inmediatamente después de la cena, bajó y esperó a Rodolfo en el garaje. Pronto él llegó. Estaba arreglado, afeitado y perfumado. Él la saludó sonriendo. Ana no pudo evitar compararlo con el retrato de André que había visto en la sala de retratos, no había ningún parecido. Rodolfo ahora cojeaba y con aquella cicatriz en el rostro era feo, mientras que André era bonito.

– "¿Sería capaz de matarme de nuevo? Tal vez, si lo traicionase. El Dr. Bernardo tenía razón cuando me aconsejó. En el pasado ella jugaba con los sentimientos, traicionando, fui asesinada y no debería jugar con nadie más, debería respetar los sentimientos ajenos."

– Vamos, Ana – invitó Rodolfo.

Ana se sentó en el asiento delantero junto a él y empezaron a conversar sobre el lugar, el clima y la joven profesora se olvidó hasta de sus preocupaciones. Pronto llegaron a la casa del Dr. Bernardo.

– Es aquí, Ana. Realmente está en casa, la luz está encendida. Yo te espero aquí.

– ¿Por qué no entras conmigo?

– Está bien, me gusta mucho este viejo médico – dijo Rodolfo sonriente.

Bajaron las escaleras, llamaron a la puerta. El Dr. Bernardo abrió y se alegró de verlos.

– ¡Qué placer en recibirlos! ¡Adelante! ¿Cómo han estado? ¿Qué te trae por aquí, Ana Elizabeth?

Después de acomodados, Ana prefirió ir pronto al tema que la llevara allí.

– Dr. Bernardo, el señor Raimundo llegó hoy a la mansión.

– Ya lo sabía. Evito ir a la mansión cuando el sobrino de Eleonora está allí. Él es arrogante y varias veces tuvimos desacuerdos. ¿Qué sucedió?

– Recuerda cuando me dijo que podemos para ver a través de la psico...

– Psicometría – terminado Dr. Bernardo.

– Justamente – confirmó la joven –, la lectura de los hechos que quedan registrados en un lugar o en un objeto. Tan pronto que llegué a la mansión, entré en los establos y vi el fuego y el crimen. La visión me hizo sentirme mal.

– Menos mal que no fue por mí – dijo Rodolfo riendo –. Llegué a pensar que había inventado todo eso.

Ana le sonrió cariñosamente y él se acercó a ella en el sofá.

– De hecho vi – continuó Ana – a dos hombres discutiendo, el más joven mató al más viejo y salió corriendo. Vi tan claramente que reconocería el rostro del asesino, y lo reconocí.

– ¡¿Qué?! – Se sorprendió Rodolfo.

– Esta mañana, cuando escuché el ruido de un coche, pensé que era usted y corrí a saludarlo. Cuando llegué a las escaleras vi al señor Raimundo. Él es el asesino de los establos. El susto fue tan grande que me desmayé.

El Dr. Bernardo no se alteró, estaba tranquilo y continuó como si no estuviese escuchando nada de importante. Rodolfo, mirando el médico, preguntó:

– Doctor, ¿no dice nada? ¿No escuchó lo que Ana afirmó?

– Estoy escuchando con atención, Rodolfo – respondió el médico –. Ya desconfiaba. Examiné el cuerpo de Eurico en ese momento, vi la herida en su pecho, aunque el cuerpo estuviese muy quemado. Eleonora me dijo que sacó el cuchillo del pecho de su hermano en un momento de desesperación cuando lo vio muerto. Ella me dijo que se había suicidado y me pidió ayuda para evitar el escándalo. Todos sabíamos que Eurico bebía mucho y que en ese día estaba muy borracho. Siempre me resultó difícil negarle algo a Eleonora. Incluso pensé que, si fuera suicidio, con mi silencio no estaría perjudicando a nadie. Pero, con el tiempo, razonando mejor, me di cuenta que Raimundo era el único heredero y él, y su padre siempre peleaban mucho. Eurico bebía mucho, en ese momento quería volver a casarse y no quería darle dinero a su hijo. Si Eurico quería casarse y decía estar feliz, no había razón para suicidarse. Años después, conversé con el espíritu de Eurico y me dijo que no era suicida. Ahora todo está explicado.

– ¿Qué haremos? – Preguntó Rodolfo.

– Nada – respondió el médico.

– ¡Nada! – Repitieron los dos jóvenes a la vez.

– La psicometría – explicó el Dr. Bernardo – no es prueba para la justicia de los hombres. Esto ocurrió hace mucho tiempo y tú, Ana, estabas lejos de aquí. Tu denuncia ante la justicia no vale nada y solo recibirías ironías. Eleonora ciertamente negaría que sacó el cuchillo. Ella realmente cree que su hermano se suicidó. No tenemos cómo probar nada contra Raimundo, espero que se vaya lejos pronto.

– Hoy lo encontré en la habitación de Cirilo, realmente es asqueroso – dijo Ana.

– ¿Él fue maleducado con usted? – Preguntó Rodolfo.

– Pelo contrario, intentado ser demasiado agradable.

– Mucho peor – dijo el Dr. Bernardo –. Ana, Raimundo es una persona sin escrúpulos No creo que haya venido a ver a su hijo. Debe estar sin dinero e intentará quitárselo a Eleonora. Para él cualquier mujer es una diversión, debes tener cuidado y evitar quedarte con él a solas.

– Juan envió a Eliane al pueblo. La otra vez que el señor Raimundo estuvo en la mansión, estuvo encima de la joven – confirmó Rodolfo.

– Dr. Bernardo – dijo Ana –, es mejor que volvamos los mansión.

– Ana – añadió el médico– , llévate estos libros. Léelos, te van a gustar. Es *El Evangelio según el Espiritismo*, donde encontrará explicaciones historias fabulosas sobre varios pasajes del Evangelio. Este es *El Libro de los Espíritus*, un libro que nos instruye con claridad sobre problemas y que nos lleva a comprender nuestra existencia a través del razonamiento y la razón. Ambos son de Allan

Kardec, estupendo profesor que codificó la Doctrina Espírita. Éste otro es sobre el tema que ya hablamos, *Enigmas de la Psicometría* de Ernesto Bozzano, que explica muy bien tus visiones y hará que al leerlo entiendas lo que pasó y pasa contigo.

La pareja se despidió, agradeciendo. Entraron en el coche y por unos momentos se mantuvieron en silencio.

– ¡Es increíble que un crimen se quede sin castigo! – Exclamó Rodolfo.

Ana pensó: "En el pasado, ¿no era el mismo Rodolfo, como André, quien asesinó dos esposas y no fue castigado por las leyes humanas. Pero alguien escaparía de su propia conciencia?" Respondió a Rodolfo repitiendo lo que había escuchado del Dr. Bernardo:

– De las leyes humanas puede permanecer, pero ciertamente tendrá que rescatar una día sus errores, ya sea a través del dolor, si se rehúsa a repararlos por el amor o en el trabajo en el bien.

Hizo una pausa y continuó:

– ¿Te rebelas por ser como eres?

– A veces me rebelo – admitió el joven –. Soy feo y defectuoso. ¿Me encuentras espeluznante?

– Sabes que no – afirmó Ana con sinceridad.– Tú me agradas, sabes eso.

– ¿Me amarías?

– Sí.

– Siento que dices la verdad. Pero creo que algún día me vas a traicionar. Cuando llegó el Sr. Raimundo, sentí celos. Después, analizándolo bien, noté que no era celos, temía por ti. No quiero que nada malo te pase. Ana, siento amistad por ti. Ojalá fuéramos solo amigos, nada más que esto. No te amo y creo que tú tampoco me amas. Tal vez por alguna razón nos atraemos el uno al otro. Pensé en esto y creo que tal vez este viejo médico y amigo nuestro tiene razón. Existe la reencarnación, es por eso que sentimos la necesidad de querernos bien para hacer las paces. Y, si fuese por esta razón, la amistad es el mejor sentimiento. Y entonces, ¿amigos?

Rodolfo habló tranquilamente. Ana sintió a poco desilusionada, prefería que el chico le hablara de amor. Pero se dio cuenta que tenía razón. Ella, conociendo el vínculo que tenían en el pasado, entendió que de nuevo tuvo la gracia de reconciliarse con un desafecto más, respondió contenta:

– Amigos, Rodolfo, amigos para siempre.

Ana pensó que la bondad de Dios era grande por nosotros al darnos el olvido en otro cuerpo. Rodolfo alguna vez fue guapo, rico, pero traicionado y asesino, ahora, pobre, feo y bueno. Si lo supiera todo, ¿lograría progresar? ¿La amargura y el remordimiento no se lo impedirían?

Llegando, Rodolfo preguntó a Ana:

– ¿Cerraste tu habitación?

– No.

– Deberías haberlo cerrado y debes hacerlo ahora siempre que te ausentes de él. El señor Raimundo puede entra y esperarte allí. Subiré contigo y vamos a mirar todo para certificarnos que no hay nadie.

Subieron lentamente sin hacer ruido, Rodolfo miró alrededor de la habitación, todo estaba en orden.

– Ana, recuerda no abrir la puerta sin asegurarte quién está tocando. ¡Buenas noches!

– Buenas noches, Rodolfo. ¡Gracias!

Ana cerró la puerta tan pronto Rodolfo salió, se acostó y pronto se quedó dormida. Se despertó sobresaltada, alguien estaba llamando a la puerta. Se sentó en la cama, su corazón latía aceleradamente, vio girar la manija de la puerta tratando de abrirla. Pronto escuchó una voz pastosa.

– Ana Elizabeth, necesito hablar con usted. Por favor, abra la puerta.

Ella no consiguió responder y después de algunos momentos él dijo nuevamente.

– Ana Elizabeth, ¿estás despierta, mi ángel? Abre por favor necesito pedirte un favor.

Ana forcejeó y logró levantarse, se acercó a la puerta, vio que ésta estaba reforzada, lo que la alivió, pero temblaba de miedo. Respondió hablando de manera rítmica y firme:

– Señor Raimundo, ahora no es momento de hablar, mañana durante la clase de Cirilo me habla, o si no delante de Doña Eleonora. ¡Buenas noches!

– No seas descortés, necesito hablarte – insistió él.

Ana quiso gritar y llamarlo asesino, pero recordó los consejos del Dr. Bernardo, que no debería acusar sin evidencias Respondió tratando de demostrar que no estaba con miedo.

– Señor Raimundo, cualquier cosa que me pida, se la negaré. Si se trata de Cirilo, será mejor que hable con doña Eleonora. No tengo nada de qué hablar, especialmente a esta hora de la noche. Si sigue insistiendo, gritaré, abriré la ventana y llamaré por el empleados. ¡Buenas noches, señor Raimundo!

– Eres una simple empleada, te pago con mi dinero – respondió él maleducado.

– Soy una empleada de Doña Eleonora. Recibo mi salario de manera honesta y por servicios prestados. Está perdiendo su tiempo tratando de conquistarme. No me interesa. Quiero que sepa que no le tengo miedo y que quiero ser respetada, sino me quejaré a Doña Eleonora.

– Chica petulante, como te atreves a pensar que estoy interesado en ti, no acostumbro rebajarme tanto.

Ana escuchó pasos alejándose, suspiró aliviada, pero estaba nerviosa y gruñó:

"¡Criminal! Asesino del sí mismo."

Como no consiguió dormir, tomó los libros que le prestó el Dr. Bernardo. y comenzó a leer. Inmediatamente se interesó por la lectura y se fue calmando. Leer le hizo bien. Leía una pregunta y meditaba encantada con la sencillez y sabiduría contenida en ella. Sentía que ya conocía las enseñanzas de aquellos libros. Estas eran preguntas profundas, pero ella las entendió perfectamente, lo que lo llevó a amar a Dios y comprender muy bien su justicia. Se quedó leyendo durante horas, volvió a dormir de madrugada, totalmente tranquila y relajada.

XI
UN CRIMEN MÁS

Ana no vio a Raimundo durante dos días. Sônia le había dicho que ella también se corría de él, porque él ya había dicho palabras groseras y que Doña Eleonora y el sobrino estaban discutiendo mucho.

Esa noche, mientras cenaba, Ana los escuchó discutiendo en la otra sala. Raimundo quería vender las tierras que rodeaban la mansión o parte de ellas. Doña Eleonora no quería comprar, reclamado no tener dinero y no quería vender a terceros. La exaltada señora decía que su sobrino acabaría con todo en poco tiempo. Raimundo, a su vez, también exaltado, replicaba que no tenía dinero, que se quedaría en la mansión hasta conseguirlo y que invitaría a sus amigos a quedarse allí. Doña Eleonora recordó al sobrino de su hijo enfermo y la respuesta congeló a Ana.

– ¡El chico! No sé por qué es tan enfermizo. Hace tiempo que está así, enfermo, y no empeorará ni por mí ni por mis amigos. Lo que importa es que yo estoy sano.

Ana estaba disgustada con la frialdad del padre de Cirilo. Tenía ganas de ir a hablar con Rodolfo, pero tenía miedo, no salía de la habitación por la noche. Tenía miedo de caminar por la mansión, terminó de cenar y se fue a su habitación; cerró la puerta. Desde la ventana se quedó un buen tiempo mirando al patio, no vio a nadie. Tomó los libros que le había prestado el doctor Bernardo y se quedó leyendo. Estaba encantada con los libros, la lectura le aclaraba mucho sus dudas. La ley de La reencarnación era, en su opinión, muy justa. Dios era realmente un Padre misericordioso dando otras oportunidades a sus hijos, permitiendo que volviésemos en otro cuerpo para reparar nuestros errores, para reconciliarnos y aprender a amarlo.

Al día siguiente, fue a enseñar a Cirilo en la mañana. Lo encontró desanimado, con tos y se cansaba con facilidad. El chico estaba triste y pensativo.

El día estaba gris, amenazaba llover y se enfriará bastante. Días así ponían inquieta a Ana, todo le parecía triste. Se sentía incómoda y le parecía que algo malo iba a suceder. Esto la dejaba nerviosa.

– Ana – dijo Cirilo –, estoy cansado y no tengo ganas de estudiar. Debo ir pronto, a un hospital especializado en Europa, pero no tengo deseos de ir, aun sabiendo que es para mi mejora. Me gustaría morir aquí y ser enterrado en el cementerio del pueblo juntos con mis familiares. Ana, ¿crees que al morir, me encontraré a mi madre? Ella era tan hermosa y dulce. La extraño mucho, si estuviese viva se quedaría siempre conmigo.

– No hables de morir, sanarás, ten paciencia, pero si mueres creo que encontrarás a tu madre. El amor une y siempre nos mantiene cerca de los que amamos. Ciro, tú te encontrarás con tu madre un día, aunque yo creo que eso va a demorar. Todos morimos o desencarnamos, como dice el Dr. Bernardo.

– No sé si voy a quedarme mucho tiempo entre los encarnados. ¿Tú sabes lo que tengo?

Cirilo preguntó mirando a los ojos de su maestra y ella no tuvo cómo mentir, afirmó con la cabeza.

– Gracias, amiga, gracias por no tener miedo. Tú eres buena. Por favor, léeme la lección.

Cirilo se levantó de su silla, fue a su cama y se acomodó. Ana se sentó en el sillón al lado de su cama y comenzó a leer; de repente si vio lejos de allí. Dejó de leer. Cirilo guardó silencio al ver que la joven se había callado. No le importó, pensaba que ella estaba descansando un poco. Pero pasaron unos minutos y Cirilo la observó, vio que ella inclinaba la cabeza en la silla, dejó caer el libro en su regazo y que estaba pálida. Pensó: ¿estaría dormida? Tal vez no había dormido bien por la noche. Estudiar siempre daba sueño.

Esperó unos minutos más, como Ana no se movía, se levantó de la cama y puso la mano en su brazo. Ana estaba fría. La llamó una y otra vez, y finalmente corrió a la habitación de la tía que vino rápido, frotándole alcohol en sus sienes y dándole sales para oler. Ella comenzó a despertar gimiendo

Pero... Ana, al empezar a leer la lección, vio todo girar, sintió que estaba en otro lugar a unos metros en altura del piso. enfocado tu atención en dos caballeros.[4] Pronto se dio cuenta que eran el señor Raimundo y Rodolfo, estaban en la plantación y conversaban. Los escuchó sin poder interferir, sin poder hacer nada.

– "Usted – dijo Rodolfo, lentamente –, no tiene el derecho de querer conquistar muchachas correctas que trabajan aquí, no es justo."

– "Bueno – respondió Raimundo con una sonrisa cínica –. Tú no debes referirte a mí de esta manera. ¡Eres mi empleado! ¿Qué? ¿Estás celoso o con envidia? Soy encantador, rico y las mujeres siempre me desean. Algunas esquivan para hacerse más atractivos, pero terminan en mis manos. Sé

---

[4] N.A.E.: Ana, cómo clarividente, en trance, vio los eventos a distancia.

como conquistarlas. Contigo debe ser diferente. Eres feo, tullido y solo una mujer sin juicio te miraría."

– "Si estoy así – dijo Rodolfo emocionado –, fue por tratar de salvar a su padre y los animales en los establos el día del incendio. Por cierto, usted estaba por allí ese día. ¿Dónde estaba que no intentó salvar a su padre?"

– "Ni me acuerdo. Además, estos actos heroicos e idiotas son para empleaditos como tú. ¡Lisiado! ¡Y no me hables así, te lo prohíbo! Viniste a acompañarme para que pueda ver las tierras y pueda evaluarlas. ¡Quiero venderlas! ¡Tú tienes que obedecerme, aquí yo ordeno."

– "No soy su esclavo, señor Raimundo, le recuerdo que quien paga a los empleados es Doña Eleonora y con su dinero."

– "Y ella es quién vive en la mansión" – respondió Raimundo irritado.

– "Y cuida de su hijo enfermo."

– "No me levantes la voz, sino..."

– "Si no, ¿qué? – Preguntó Rodolfo, desafiándolo –. Me va a matar como mató a su padre? Lo mató con un cuchillo y huyó sin siquiera intentar salvar los caballos."

– "Estás loco!" – se asustó Raimundo.

Ambos se callaron. Raimundo permaneció avergonzado y permaneció pensativo.

Ana entendió lo que pasaba por su mente. Rodolfo – concluyó Raimundo –, debería haberlo visto a él y a su padre discutiendo en los establos. Él dijo, en esa ocasión, que entró cuando se inició el incendio, pero pudo haber sido antes y haberlos visto. Rodolfo era su enemigo, si se decidía a hablar, estaría perdido. Había matado a su esposa, a su padre, y ahora necesitaba deshacerse de ese testigo. El lugar donde se encontraban le parecía propicio, descendían por una pequeña cuesta con muchas piedras. Rodolfo se adelantó. Raimundo luego tomó su látigo y lo giró. El látigo estaba hecho de un mango de madera tallada, fuerte y resistente. Golpeó muy fuerte la cabeza de Rodolfo con el mango de madera. Éste se desmayó, cayó sobre su caballo, soltando las riendas. Raimundo azotó el caballo de Rodolfo que bajó la pendiente desbocado. Vio fríamente a Rodolfo caer del caballo, quedando su pie atrapado en el estribo y siendo tirado por el animal. Entonces, Raimundo miró a su alrededor y suspiró. Tranquilo, no vio a nadie. Como si nada hubiera pasado, cambió de dirección, silbando.

– ¿Estás bien, Ana Elizabeth? – Preguntó preocupada la dueña de casa. Ana volvió los sí y vio que Doña Eleonora y Cirilo los ellos miraron ansioso.

Recordó la clase, la lectura y se asustó sin saber qué decir, afirmando con la cabeza.

– Vaya a su habitación – aconsejó Doña Eleonora –. Vaya a descansar. Cirilo no se importará si se queda sin clases hoy.

La ayudó a levantarse.

– Ven – propuso Doña Eleonora gentilmente –, te acompañaré y te daré un calmante.

Cirilo se despidió de ella mandándole un beso con la mano. En el corredor Doña Eleonora le dijo a la joven profesora:

– Espera aquí.

Entró en su habitación y le trajo una píldora.

– Tómala y descansa. Necesitas consultar un médico sin demora, tuviste dos desmayo seguidos. ¡Hasta luego!

Ana entró en su habitación y cerró la puerta. Todavía se sintió tonta, bajó las escaleras con cuidado pero desistió de continuar; volvió a su habitación, tomó el píldora y se acostó. Estaba confundida y no pudo pensar correctamente, dormitó. Despertó asustada por unos gritos. Dio un salto de la cama, abrió la ventana y vio en el patio a Sônia, Juan y Michel que gritaban desesperados.

– ¡Rodolfo! ¡Rodolfo!

– ¡Dios mío! – Exclamó Ana – ¡Rodolfo!

Escuchó a Juan decir:

– ¡Está muerto!

Ana sintió que todo daba vueltas, se alejó de la ventana, se dejó caer sobre la cama, no vio nada más.

Despertó con Sônia entrando en la habitación y cerrando la ventana. Sentía mucho frío. La miró y vio que Sônia tenía los ojos rojos de tanto llorar.

– Ana, ¿estás bien? – Preguntó Sônia mirándola –. El Dr. Bernardo pidió para que viniese a verte. ¿Qué haces con la ventana abierta? Hoy hace frio y viento mucho.

La joven no respondió, Sônia se quedó callada un momento y luego continuó diciendo:

– Ya sé, escuchaste los gritos y abriste los ventana para ver qué sucedió. ¿Triste, no? Michel lloró tanto que Dr. Bernardo le tuvo que dar un calmante.

– ¿Está muerto? – Preguntó Ana con voz trémula.

– Sí. Nadie sabe lo que pasó, él cabalgaba tan bien. Rodolfo salió temprano con el señor Raimundo. En las plantaciones, el señor Raimundo dice que se separaron y él fue a visitar al señor Ronaldo, nuestro vecino, y que Rodolfo estaba bien y que iba a volver a la mansión. Nadie sabe lo que ocurrió.

– ¡Asesino! – Acusó Ana en voz baja con tono rencoroso.

– ¿Qué? ¿Qué es lo que dices? – Preguntó Sônia y ni siquiera esperó la respuesta, continuó hablando –. Todos estamos indignados y tristes. El Sr. Raimundo volvió a la mansión a la una y Rodolfo no llegaba. Doña Eleonora envió a algunos sirvientes tras él y lo encontraron tirado cerca del caballo. El animal lo arrastró en buena parte, estaba todo magullado y con la cara aun más fea, el doctor Bernardo mandó cerrar el féretro y Doña Eleonora quiere darle un buen entierro. Fue llevado al pueblo, está en el velorio del cementerio.

– ¡Oh! – Ana lloraba compungida.

Sônia la abrazó y le dijo consolándola:

– No te pongas así. Los accidentes suceden; el caballo por alguna razón lo derribó, el pie de Rodolfo permaneció en el estribo y...

– ¿Puedo entrar? – Preguntó Dr. Bernardo en la puerta de la habitación.

– Entre, doctor – respondió Sônia.

– ¿Estás bien, Ana? – preguntó el doctor y mirando a Sônia le dijo:

– Eleonora te está llamando.

– Gracias, ya voy. ¡Hasta luego!

Sônia se fue, el Dr. Bernardo cerró la puerta, fue al lado de Ana, examinándola, midió su presión.

– Eleonora me dijo que te desmayaste – comentó el médico, dándole un calmante –. ¿Estás con sueño?

Ana se sintió débil, pesada y somnolienta, asintió con la cabeza.

– Entonces duerme, hija. No hay nada qué hacer. Rodolfo murió y tú debes descansar.

– ¡Yo lo vi! – Exclamó la joven en llanto –. Yo lo vi, Dr. Bernardo. El señor Raimundo mató a Rodolfo porque él lo acusó.

– ¡Tranquilo, Ana! Cuéntame todo. ¿Qué ocurrió?

Ella le contó todo.

– Hija, te desprendiste del cuerpo físico, tu espíritu salió de la materia, quedando unida a ella por un cordón. Fuiste donde estaba Rodolfo y los viste, sin poder interferir en los acontecimientos. Desafortunadamente – suspiró el médico , tu visión no es una prueba. No debes decirle nada a nadie, ¿me lo prometes? Si hablas arriesgarás la vida. Le dije a Rodolfo que no le dijera a nadie lo que él escuchó de ti.

– ¡Es mi culpa! Rodolfo fue a morir ahora que hicimos las paces.

– Nadie Es culpable, a no ser Raimundo. Me preocupa, si mató a dos, puede matar a tres.

– Él también mató a su esposa – dijo Ana apresurado –. Escuché sus pensamientos.

– Olvídate de todo esto, Ana, le pediré a Eleonora que te pague y te puedes ir lejos de aquí. No lo lamentes, te repito que no fue tu culpa. Estuvo muy bien que hayas hecho las paces con Rodolfo, desencarnó reconciliado contigo. Rodolfo, antes André, que asesinó a dos esposas y ahora fue asesinado. Vamos a rezar por él, para que perdone y pueda ser perdonado.

El Dr. Bernardo acomodó las frazadas de la cama de Ana, le sonrió con afecto, mientras ella luchaba por no cerrar los ojos.

– Duerme, hija, descansar, el medicamento que Eleonora te dio es fuerte. Durmiendo te sentirás mejor. Voy a cerrar tu habitación y me quedaré con la llave. Voy a ir a ver Cirilo y vuelvo enseguida. ¡Duerme tranquila!

Ana ensayó una sonrisa, vio al Dr. Bernardo salir y cerrar la puerta, trató de relajarse y se durmió. Unas horas después, se despertó y se sintió fatal. Los recuerdos le llegaron a la mente, quería llorar. La desencarnación de Rodolfo la afectó mucho, se sintió muy triste. Se esforzó, se levantó y tomó una ducha. Estaba peinándose cuando escuchó la puerta abrirse y alguien golpear suavemente.

–¡Entre, Doctor!

– ¡Estás bien?

– Sí. Soy testigo de un crimen horrible. Rodolfo desencarnó porque dijo demasiado y me siento culpable.

– Te dije que no te sintieras así. Le recomendé a Rodolfo no diga nada y lo vuelvo a decir: Raimundo mató a tres y puede matar uno más, a ti. Mañana temprano será el entierro en Rodolfo, Eleonora ya arregló todo. Hablaré con ella para liberarla, pagar tu salario y luego te puedes ir. El pequeño Cirilo empeoró mucho y sabemos que no irá a ningún hospital, por lo tanto no necesitar aprender otros idiomas

– Dr. Bernardo, estos libros que me prestó me han hecho entender tantas cosas. Si no creemos en la reencarnación, pensamos que Dios es injusto. A través de la lectura, entiendo los hechos que sucedieron aquí.

– Dios es mucho justo, Ana. No fue el Espiritismo que inventó ninguna ley ninguno y ni la reencarnación. La Doctrina Espírita solo vino a aclarar. La reencarnación es conocida por los pueblos antiguos. Y todas las religiones futuros deberán creer en la reencarnación. Porque, como dijiste, ella es muy justa y misericordiosa. La Doctrina Espírita, además da muchas aclaraciones a las personas sensibles, porque muchos médiums pueden ser tachado de enfermos mentales e internado en hospitales

– Yo creo que sin la comprensión de la Doctrina Espírita que estoy teniendo y sin su ayuda, pronto enfermaría, o sería considerada como tal. Porque, viendo y escuchando desencarnados puedo ser considerada como una loca. Le agradezco, usted será de gran valor para mi futuro también. Y Michel, cómo ¿está? Él debe estar sintiendo mucho la desencarnación de su amigo.

– Michel está inconsolable. Está con el papá en el funeral.

– Dr. Bernardo, ¿usted cree que Cirilo realmente está mal?

– Al enterarse de la desencarnación de Rodolfo, no habló más, estaba febril y muy triste. Eleonora me dijo que cuando llegó en la habitación para ayudarte, pronto recuperaste el sentido. Me preguntaba, ¿no será que dijiste lo que viste?

– Si lo hice, Ciro sabe que su padre es un asesino. Dr. Bernardo, ¿realmente no tengo ninguna manera de testificar en su contra?

– No. Cuando ocurrió el crimen, que todos suponen fue un accidente, estabas en la mansión, en la habitación de Cirilo. La justicia no te escuchará, puedes ser procesado por calumnia o ser tachada como desequilibrada mental. Dejemos a Raimundo entregado a la justicia divina, un día tendrá que cosechar de la plantación que actualmente siembra.

– ¿Todos nosotros sufrimos para reparar nuestros errores?

– No, Ana, como dijiste, reparar no es solo por el dolor; podemos con sinceridad reparar nuestro errores por el trabajo en el bien, a través de nuestra modificación interior para mejor. Tenemos la oportunidad de ajustar cuentas a través del Amor. Cuando nos negamos, allí, sí, viene el dolor, para alertarnos y conducirnos al buen camino.

– ¡Rodolfo! Creo que yo lo amaba – dijo Ana suspirando.

– ¿Lo crees? Seguramente lo querías bien. Fue bueno un encuentro entre ustedes, se entendieron. Rodolfo aprendió mucho en esta encarnación y espero que no se hay quedado con odio y haya perdonado a su asesino. Rezaré mucho por él.

– ¡Quiero verlo!

– Mañana, Ana. Te dejaré otro tranquilizante para que lo tomes por la noche. Ahora debes comer. Si me necesitas, estaré en la habitación de Cirilo. Voy a dormir allí está noche.

– ¿Puedo ver a Cirilo?

– Por supuesto.

Salieron y fueron a la habitación. Doña Eleonora estaba sentada al lado, junto a la cama del niño, Cirilo no estaba bien, respiraba con dificultad y parecía dormir. Ana se asustó con su apariencia. Doña Eleonora los saludó, estaba nerviosa y retorcía las manos.

– Bernardo, Cirilo empeoró.

– Tranquila, Eleonora, confiemos, si quieres removerlo...

– No. Muchas veces Cirilo me pidió que me quedara aquí, entonces... Tal vez sea mejor para él quedarse aquí cerca de mí. ¿Cómo está, Ana Elizabeth? – Preguntó Doña Eleonora.

– Bien, gracias – respondió la joven profesora, abatida.

Ana se quedó allí por unos minutos, oró con fe por el joven amigo, luego se despidió en voz baja y bajó a cenar. Comió de mala gana, Después fue a la habitación de Cirilo, pero desde el pasillo escuchó la voz de Raimundo hablando con la tía. Se estremeció al escucharlo, ahora no solamente sintió asco, sino también miedo. Como no quería verlo, volvió a su habitación, tomó la pastilla y se acostó.

Despertó de madrugada y pensó en todos los acontecimientos que vivió en aquella casa. El doctor Bernardo tenía razón, concluyó, era mejor irse. Pero

¿a dónde? Lloró por Rodolfo, por Cirilo y por ella misma.

Se levantó temprano y fue a la cocina donde desayunó. Todos estaban tristes por la desencarnación de Rodolfo, él era querido. A las ocho, Doña Eleonora y los sirvientes fueron en coche y calesa al pueblo, al entierro de Rodolfo. Solamente se quedaron Elizete y el Dr. Bernardo haciendo compañía a Cirilo. Raimundo tampoco fue y Sônia le dijo a Ana que él se quedara dormido. Ana estaba en el coche junto a Doña Eleonora. Nadie habló en el trayecto, todos estaban tristes.

Cuando llegaron, Michel, al ver a Ana, corrió, la abrazó y le dijo llorando.

– ¡Ana, nuestro amigo está ¡muerto!

Michel pasó la noche allí, no se alejó por ningún motivo. Además del personal de la hacienda, de la mansión, algunos residentes del pueblo además llegaron para el funeral. Así el cuerpo en Rodolfo bajó a la tumba a las once de la mañana. Ana no conseguía llorar, pero se sintió muy triste, cansada y deprimida. Todos volvieron a la mansión. Cuando llegaron, Michel permaneció conversando con Ana en el jardín.

– Aquí no será lo mismo sin mi amigo – se quejó el chico –. ¿Quién cuidará de los caballos? Hizo este trabajo con mucho amor. Doña Eleonora le pidió a papá que hiciera el trabajo de Rodolfo por unos días, ella dijo que venderá los caballos. Siento ganas de irme de aquí por eso.

– ¡Ana! ¡Michel! – Sônia los llamaba desde el balcón –. Cirilo está muy mal.

Temo por su vida. Vengo de su habitación, ¡qué tristeza! ¡Parece muerto!

Ana y Michel se despidieron. Ana presintió que algo triste iba a suceder otra vez. Temió por su alumno y subió a su habitación.

XII
DEJANDO LA MANSIÓN

La puerta del dormitorio estaba abierta y Ana entró. Doña Eleonora lloraba angustiada y el Dr. Bernardo sostenía la mano de Cirilo, éste estaba jadeando, respirando con gran dificultad. Sônia, justo después de haberles avisado, entró en la habitación y allí estaba de pie, enrollando su delantal sin saber que hacer. La enfermera contratada el día anterior estaba en silencio, tranquila, quizás por haberse acostumbrado a eventos como este. El Dr. Bernardo le sonrió, sacudiendo la cabeza como diciendo que no había nada qué hacer. La joven profesora se acercó y se paró al lado del doctor. Cirilo tartamudeó algunas palabras en voz baja y esforzadamente:

" Mamá... ir... ¿a dónde...? Arturo... mansión... mi... reanimar...

Ana y el médico prestaron atención y entendieron lo que Cirilo quería decir. Los dos sintieron la presencia de la madre al lado del hijo.

Esto tranquilizó a la joven, dándole la certeza que su alumno iba a recibir la asistencia espiritual en su desencarnación. Cirilo dejó de hablar, la respiración se volvió más pesada, levantó un poco la cabeza y esbozó una sonrisa temblorosa, recostó la cabeza y su respiración se detuvo.

Doña Eleonora corrió hacia Cirilo y comenzó a llorar a gritos, el Dr. Bernardo soltó la mano del chico y abrazó a su amiga.

– ¡Está muerto! – Confirmó el médico –. ¡Cirilo ha desencarnado! Nuestro chico dejó la vida encarnada y su cuerpo enfermo. ¡Qué Dios lo proteja!

Ana miró el cuerpo sin vida. Cirilo estaba tranquilo, parecía contento y la sonrisa no lo abandonó.

Sônia, Doña Eleonora y Ana salieron de la habitación, quedándose solamente el Dr. Bernardo y la enfermera que prepararía el cuerpo para el entierro. Sônia amparaba a Doña Eleonora, que ahora lloraba suavemente, pero con sentimiento. Se detuvieron en el corredor; sin embargo, la señora no fue a su habitación, rudamente abrió la puerta del habitación del sobrino.

Raimundo estaba en bata, sentado en un sillón con un libro en las manos, al ver a la tía dejó el libro caer.

– Tu hijo él murió, ¿escuchaste? – Informó la señora, exaltada.

Al escuchar esta, él se puso blanco y bajó la cabeza. Doña Eleonora continuó hablando nerviosa, luego de algunos segundos en completo silencio:

– ¡Cirilo murió! Pequeña crisis sin importancia, ¿no? ¡Él murió!

Aun llorando, Doña Eleonora se fue a su habitación. Ana y Sônia salieron rápido de corredor. Ana pensó deseando:

– "Qué sufra bastante, señor Raimundo. ¡Que sufra!" Pero, luego concluyó: si él siempre abandonó al hijo, mató a la madre, sabiendo que estaba enfermo en estado terminal ni se importaba, no iría a sufrir.

Cirilo fue velado en el cementerio del pueblo, al igual que Rodolfo. Todos fueron al velorio, Raimundo se quedó todo el tiempo ahí, sentado cabeza gacha. El entierro fue al otro día temprano.

Cuando llegaron del entierro, Doña Eleonora convocó a una reunión con todos los sirvientes en el vestíbulo de la mansión a las dos en punto. Ana vino a saber que todos los empleados de la propiedad tenían muchos años, solo ella era la más reciente. Pero, como ella también estaba invitada, estuvo allí con todos a la hora indicada. Puntual, Doña

Eleonora llegó con el doctor Bernardo y la Dra. Janice, y luego comenzó a hablar lentamente:

– ¡Amigos! Mis empleados de tanto tiempo son mis amigos. quiero comunicarles que decidí vender las propiedad.

Viendo su deseo cumplido, suspiró en voz alta. Pero ignorando al sobrino, la señora continuó:

– La Dra. Janice aquí presente, se encargará de todo el proceso de venta. Tenemos tres interesados y esperamos venderla rápido. Mi sobrino podrá viajar y, tan pronto como sea posible, Janice se comunicará con ustedes. Ahora, Raimundo, por favor, por favor permítenos, quisiera hablar con mis empleados.

– ¡Oh, sí, tía! Me iré de inmediato, tan pronto como la criada haga las maletas.

– No existen más empleados en esto mansión, Raimundo – agregó Doña Eleonora con firmeza –. Esta reunión es para despedirlos. Tendrás que arreglarlo tú solo.

– Sí, ciertamente. ¡Hasta pronto! – dijo Raimundo al salir. Nadie le respondió el saludo. Doña Eleonora se relajó un poco y volvió a hablar:

– Mis amigos, esta propiedad es mía y de mi sobrino. Ustedes saben bien que es imposible continuar con esta sociedad. No tengo en recursos para comprar su parte. Saben que tengo dos hijas y que ninguna de ellas vendrá aquí. Por lo tanto, decidí vender y mudarme con mi hija Paula, en el convento. Mantendré este dinero para un pequeño ingreso que será para mi sustento, el resto lo donaré a mis nietos. Pero ustedes no han sido olvidados. La Dra. Janice hará la compra de una casa para cada una de las familias en el pueblo. Será una forma de retribuir la dedicación y el cariño de ustedes. Sé que hay en el pueblo un grupo de casas recién construidas, todas son iguales y que el propietario ha puesto a la venta; vamos a negociar esas casas para ustedes. Venderé las piezas más antiguas y valiosas por separado, el resto permanecerá en la mansión. Quiero regalar a Sônia y Eliane, que se van a casar, prendas de vestir para sus ajuares, ellas pueden tomar lo que quieran.

Hizo un descanso, suspiró, para continuar tranquilamente:

— Siento que Rodolfo no esté aquí, pero para el pequeño Michel le quiero dar el caballo Ventoso, el preferido de Rodolfo

Quiero que sigan atendiéndome hasta que se concrete la venta y seguramente tendrán las mejores referencias con el nuevo dueño, quien querrá tenerlos, seguramente, trabajando aquí.

Todos agradecieron a la noble dama. Ella había sido muy justa y bondadosa. Doña Eleonora miró a Ana como si solo la estuviera viendo en ese momento y pidiendo a todos que se callasen para escucharla:

— ¡Ana Elizabeth! ¡La curiosa excursionista de la mansión! ¡La descubridora del pasaje secreto! Tendrás tu sueldo total y un bono que insisto en darte y que seguro te será de utilidad hasta que consigas un nuevo trabajo.

Ana se sonrojó, Dr. Bernardo sonrió, la miró, dándole confianza y ella terminó por sentirse bien. Doña Eleonora sonrió, miró a su viejo amigo y continuó:

— Para mi amigo, Bernardo, dejo mi coche. No acepto rechazo sin ofenderme. Tu coche es viejo y cualquier día te dejará en la carretera sin poder cuidar de tus pacientes. Y tú, Janice, ponte cómoda con cuantos libros quieras de la biblioteca. Incluso, es claro, el que enseña Latín.

— ¡¿Verdad?! — Exclamó felizmente la Dra. Janice —. ¡Gracias! ¡Doña Eleonora, muchas gracias!

Todos sonrieron al ver al doctor siempre serio, ahora muy feliz y frotamiento en las manos en contentamiento.

— Ahora — finalizó la agradable señora —, iré a descansar.

Se fue acompañada de su amigo médico. Y todos comenzaron a comentar la bondad de la patrona de tantos años. Ana decidió que se iba a ir pronto, tal vez ya al día siguiente. Al pensar que se iba a separar de Michel, sus ojos se humedecieron. Pero, pensó, no podía evitar sentirse culpable por Michel, más bien por Luis, por ser ahora un simple empleado. Sin embargo, poniendo en práctica lo que leyó, concluyó: él aprende y ciertamente aprovechará bien está encarnación.

Salió de la habitación y se fue a su habitación. En la sala de esculturas se encontró con Raimundo. Estaba feliz y cuando la vio se puso serio. Cargaba dos maletas. Cuando Ana oyó el ruido en coche partiendo, suspiró aliviada y todos allí también sintieron lo mismo.

– "¡Vete asesino! – pensó Ana –. Huye de la escena del crimen, pero no podrás huir de ti mismo."

La joven maestra se quedó en la sala, y cuando iba a subir e ir a su habitación, escuchó:

– ¡Ana Elizabeth!

La Dra. Janice la llamó y, con un gesto, la invitó a ir al escritorio.

Acomodadas, la doctora le dijo, entregándole un sobre:

– Aquí está tu sueldo y también la dirección de una gran pensión para gente joven. Conozco a la dueña y le he escrito para recomendarla. Y esta es una carta de recomendación firmada por doña Eleonora y por mí a un colegio. Estoy segura que contratarán a una profesora competente como usted. Doña Eleonora tiene mucha amistad con la directora de ese establecimiento de enseñanza. Si lo quieres, es casi seguro que la contraten.

– ¡Gracias! ¡Doña Eleonora es muy amable! No sé cómo agradecerles.

– Solo hice lo que ella me pidió, pero creo que estas medidas son justas. No cumplió el tiempo del contrato, pero no fue su culpa.

Ana se despidió de la doctora y se dirigía a su habitación cuando se encontró Sônia.

– Esta es para ti. Llegó hoy.

Eran tres cartas. Ana las tomó, agradeciendo, fue a su habitación donde las abrió. Una era de su hermano, la otra de su padre dándole la noticia que cambiara de trabajo y que ahora viajaría por todo el país. La madre escribiera en otra carta que estaba enamorada y que seguro se iba a vivir con su nuevo amor.

Ella las cerró y guardó, no iba a responder en ese momento. Cuando se mudase se lo comunicaría al hermano e iría personalmente a ver a sus padres.

Un tiempo después vio una camioneta estacionada en el patio y de ella bajó un trabajador de la funeraria con una urna. Ana bajó, fue a la biblioteca y vio que el pasaje estaba abierto y dos servidores estaban sosteniendo cuerdas. Uno de ellos le explicó:

– El Dr. Bernardo con dos empleados bajaron por el laberinto, amarrados por cuerdas en la cintura por precaución.

La joven se quedó allí unos minutos, esperando ansiosa a los tres salir de ese lugar secreto. Pronto el Dr. Bernardo con los otros dos salieron trayendo una urna cerrada. El médico sonrió al verla y comentó:

– Todas las puertas allí abajo fueron abiertas y solamente encontramos un esqueleto. Vamos enterrarlo en el cementerio del pueblo en la tumba de la familia. Este pasaje permanecerá abierto para que los nuevos dueños la conozcan y pueden tenerla de distracción.

– Dr. Bernardo – pidió Ana tímidamente –. Me gustaría hablar con usted y despedirme.

– Ciertamente, después que me bañe conversaremos. Ve hasta mi habitación.

Ana salió de la biblioteca, al pasar por el corredor escuchó a Doña Eleonora y la Dra. Janice hablando en una de las habitaciones. Recordó el titular de la revista que lo encontró muy hermoso y quería tenerlo para sí misma. Fue a la habitación donde estaba el porta revistas viejo, lo tomó y volvió a la sala donde estaban las dos. Venciendo la timidez, pidió permiso y llegó a la sala. Las dos interrumpieron su conversación.

– Disculpe doña Eleonora, si usted puede, si... – Ana no sabía cómo terminar y se arrepintió de haber ingresado a la sala.

– ¡Habla, Ana Elizabeth! ¿Cómo puedo serte útil? – Preguntó la señora suavemente –. ¿No estás satisfecho? ¿Faltó algo?

– No, señora, todo está en orden. Quería agradecerle, recibí más de lo acordado. ¡Estoy satisfecha! Es que me quedé encantada con este revistero, si los señora me lo puede vender, si no es muy caro.

– ¿Éste? – Doña Eleonora lo tomó de la mano de Ana –. Es una pieza antigua, pertenecía a un antepasado que no era muy feliz, Victoria. Vale por ser antiguo, pero no como una obra de arte. Personalmente la encuentro de muy mal gusto. Te lo regalo. Ana Elizabeth, fuiste muy valiente, a pesar de haber expuesto a Cirilo. Parece que sabes más sobre la mansión que yo misma. Quizás Bernardo tiene razón. Quédate con él, guarda este revistero como recuerdo de esta casa.

– ¡Gracias, señora, muchas gracias!

Ana sintió que se puso roja, quiso darle una disculpa a la señora por las excursiones que había hecho con Cirilo por la mansión. Pero pensó que no era necesario, se sintió disculpada. Tomó otra vez el revistero y salió rápido no queriendo molestar a las dos que tenían mucho que trabajar. En el corredor, entendió por lo que escuchó que repartían el dinero entre los nietos de Doña Eleonora. Se llevó la pieza a su habitación y luego se dirigió a la habitación de su viejo amigo.

Entró en la habitación del Dr. Bernardo y lo escuchó cantando en el baño. Pronto, bien vestido, entró en la salita donde Ana lo esperaba.

– Ana, ¿vas a partir pronto?

– Mañana.

– Aquí está la dirección de un grupo de amigos estudiosos de la Doctrina Espírita. Si quieres estudiar con ellos, serás bienvenida.

– Gracias. Leyó la tarjeta y lo guardó en el bolsillo de la blusa –. Usted parece estar alegre, después de todo.

– La muerte del cuerpo no me asusta, la desencarnación debe ser para todos un hecho natural y, si somos conscientes y estamos preparados, ella nos lleva a un cambio feliz. Cirilo está mucho mejor ahora junto a su madrecita. Esta casa tuvo eventos triste, de odios y errores que llevaron al remordimiento a muchas personas. A través de la bondad del Padre, volvieron, se entendieron, afectos fueron reconectados y esto fue bueno. Ahora con nuevos habitantes todo será renovado.

– ¿No siente la partida de Doña Eleonora?

– Sí, lo haré; sin embargo, creo que ella hizo lo correcto. Le conté todo, tus visiones, la conversación con el espíritu Alice, los crímenes de Raimundo.

– ¿Ella lo creyó? ¿Habrá creído que el sobrino es un asesino?

– No lo sé, Ana. Eleonora escuchó en silencio, derramó algunas lágrimas, pero por las actitudes que tomó, creo que se lo creyó. Eleonora siempre amó mucho de Raimundo y le dio mucho dinero, esta fue la razón que la llevó a pelear con el yerno. Ahora ni siquiera ella podrá ayudarlo. Nunca tuve esperanza que estaríamos juntos, estoy contento de ser su amigo, intercambiaremos cartas y nos visitaremos algunas veces. Estoy viejo, tengo mis clientes y la vida continúa...

– Lo que me pasó aquí parece un sueño, doctor Bernardo. A veces pienso que me despertaré en mi antiguo hogar escuchando las peleas de mis padres. Me voy ahora y por la bondad de ustedes tres tengo un lugar para vivir y ciertamente un buen trabajo. Como, además, un grupo espírita donde podré aprender a lidiar con mi mediumnidad, trabajar por el bien de mucha gente y por el mío.

– En este grupo, Ana, serás recibida como una amiga. Les escribiré recomendándote.

– Dr. Bernardo, aquí están los tres libros que me prestó.

– Me gustaría que te los llevases, acéptalos como un regalo mío.

– ¡Gracias! Usted es una de las mejores personas que ya conocí.
Me ayudó mucho.

– No me des las gracias, Ana, imítame.

Ellos sonrieron y luego en algunos momentos en silencio ella preguntó:

– Dr. Bernardo, ¿y el señor Raimundo?

– Aquí en esta mansión vi gente rescatar errores del pasado, reconciliarse, como Cirilo, Rodolfo, Michel e incluso tú, la antigua Victoria. Demostrándonos que nada queda escondido, oculto para siempre. Todo indica que los delitos que cometió Raimundo no serán sancionados por la ley de los hombres. Pero camina hacia su propia destrucción. Raimundo solo poseía esta propiedad. Cuando reciba el dinero de la venta, lo gastará en poco tiempo y ya no tendrá a su tía para que lo ayude ni a familiares a quienes acudir. No sabe hacer otra cosa más que gastar, farrear y vivir en la ociosidad. El punto triste en esta historia es él. Los demás rescataron, aprendieron y él acumuló errores.

Hablaron un poco más y el médico se ofreció a llevarla a la estación al día siguiente. Ana aceptó y se fue a su habitación limpiándose las lágrimas que insistían correr por su rostro.

Fue a cenar y escuchó la cálida conversación en la sala contigua. Pensó que pronto Doña Eleonora sería tan pobre como ella. Los tres, Dr. Bernardo, Dra. Janice y la señora de la mansión, parecían no recordar la desencarnación de Cirilo, quizás porque lo esperaban por su enfermedad o porque había sufrido mucho. Se acordó de Rodolfo y lo extrañó. Nuevamente agradeció a Dios por haberse hecho su amiga.

Comió poco y bajó al patio a despedirse de Michel. Al ver el establo sintió una gran tristeza. Fue recibida en casa de Juan con alegría y Michel dio un fuerte abrazo.

– Vine me despedirme, Michel, parto mañana.

– Nos iremos todos, Ana – dijo Eliane –. En unos días nos vamos a vivir al pueblo, gracias a Dios.

– ¿No te gusta aquí, Eliane?

– No lo sé – respondió la hermana de Michel –. Viví aquí todos estos años, siempre asustada, pensando que alguien me iba a matar. A veces tenía miedo.

– Hasta del pobre del Rodolfo – explicó Michel.

– Eso ya pasó y... – dijo Eliane avergonzada.

– Es verdad, ya pasó – confirmó Ana.

La joven profesora recordó que en otra encarnación Eliane fue la primera esposa de André. Instintivamente tenía miedo de ser asesinada y de Rodolfo. Sin embargo, como le había explicado el doctor Bernardo, no todos los miedos de los encarnados son por razones como esa. Hay muchas causas y cada una caso él debe ser estudiado por separado.

– Lo importante es que vamos a recomenzar – continuó Juan –. Y todo nuevo comienzo debe ser con esperanza. Ana, el Dr. Bernardo me consiguió trabajo en pueblo, voy a cuidar de muchos jardines, estoy contento.

– Doña Eleonora fue muy generosa – aseguró Eliane.

– Todos nosotros estamos contento, hasta Michel.

– Me gusta mucho este lugar, quizás regrese cuando sea grande – dijo Michel seriamente –. Pero sin mi amigo Rodolfo, no será lo mismo. Ahora tengo a Ventoso, el caballo que me regaló Doña Eleonora, lo voy a tratar bien. Correré con él por los campos. Ana, lamento que te vayas. ¿Será que no conseguirías enseñar en el pueblo?

– No, Michel, mi lugar no es aquí, yo debo partir. Aquí está mi dirección, nos escribiremos, ¿está bien?

Conversaron un poco más y Ana se despidió. Al pasar por la entrada del garaje, vio una figura. Se acordó de Rodolfo, fue allí cerca que lo vio sonámbulo. Se detuvo y miró sin miedo. La figura tomó forma y en ella reconoció a su amigo. Rodolfo estaba feliz, su rostro perfecto sin la cicatriz, le sonrió y agitó su mano en señal de despedida. Ana sonrió devolviendo el saludo y la figura de Rodolfo fue desapareciendo.

– "Adiós, Rodolfo, mi amigo – pensó la joven fascinada –. ¡Adiós!"

Tuvo la certeza que él estaba bien, eso la tranquilizó y dijo en voz alta como siempre.

– "¡Solamente los criminales no tienen paz! El único digno de dolor es el señor Raimundo."

Sonrió al escuchar su voz. Intentaría acabar con esta costumbre. Con voluntad sabía que lo haría. No hablaría más sola.

Durmió plácidamente. Se levantó temprano y empacó todo, sus maletas y la habitación. Después del desayuno, Sônia vino a ayudarla con su equipaje. Se despidió de los trabajadores de la mansión en el patio, hasta Doña Eleonora se acercó a darle un abrazo. Michel la abrazó conmovido y le dio un ramo en violetas

– Ellas están mojadas con mis lágrimas. Ana, creo que siempre gusté de ti. No me vas a olvidar, ¿verdad?

– Claro que no. Gracias, Michel – respondió la chica reprimiendo las lágrimas.

Entró en el auto y el Dr. Bernardo la llevó al pueblito. Frente a la estación, Ana reconoció al chico que le había dicho, el día que ella llegó, que las Mansión de la Piedra Torcida estaba embrujada. Lo miró, sonrió y pensó: "¡Embrujada! Lo que más nos embrujan son nuestros errores." Se despidió de viejo doctor con un gran abrazo prometiendo corresponderse con él. Entró en el tren.

Ana Elizabeth se sentía feliz, su vida había cambiado. No hacía mucho que había llegado y ya se iba. Pero pasaron muchas cosas, se sentía ahora más maduro, confiada y segura. Sonrió como si le sonriese a la vida. Eran los últimos días del invierno y pronto llegaría la primavera con la esperanza de recomenzar, ahora tranquila y llena de felicidad.

Algunos años más tarde, Michel volvió los propiedad cómo administrador. Buena persona, trabajador, fue feliz en esas tierras que tanto amaba y que los nuevos propietarios cambiaron de nombre.

El Dr. Bernardo predijo bien lo que le pasaría a Raimundo. En poco tiempo gastó el dinero que había recibido por la venta de la propiedad. Sin dinero, con documentos irregulares fue preso en un país de Europa por robar una relojería a mano armada. Permaneció muchos años en prisión, desencarnó enfermo, solo y abandonado, siendo enterrado como indigente.

Ana Elizabeth se convirtió en una profesora competente en la escuela indicada por Doña Eleonora. Años después se casó, vivió feliz con su esposo e hijos. Se hizo espírita convencida, trabajando con su mediumnidad y aprendiendo mucho, porque es con el trabajo que ponemos en práctica nuestro conocimiento. Comprendió la importancia de la oportunidad que estaba teniendo de enmendar sus errores pasados, con amor en el trabajo edificante. Imitó a su benefactor, el Dr. Bernardo, quien nunca fue olvidado. Y los felicidad de servir hizo que se dedicase a enseñar otros médiums y frecuentadores de las casas espíritas sobre los importancia de servir y ya no ser servido, de donar y no ser un mendigo de favores espirituales de otros. Cuando hacemos el Bien, algún día podremos decir:

"Hice, construí, aprendí y, quién sabe, me hice bueno.

¡Qué felicidad!"

Libros de Vera Lúcia Marinzeck de Carvalho
y Patricia

Violetas en la Ventana

Viviendo en el Mundo de los Espíritus

La Casa del Escritor

El Vuelo de la Gaviota

Vera Lúcia Marinzeck de Carvalho
y Antônio Carlos

Amad a los Enemigos

Esclavo Bernardino

la Roca de los Amantes

Rosa, la tercera víctima fatal

Cautivos y Libertos

Grandes Éxitos de Zibia Gasparetto

Con más de 20 millones de títulos vendidos, la autora ha contribuido para el fortalecimiento de la literatura espiritualista en el mercado editorial y para la popularización de la espiritualidad. Conozca más éxitos de la escritora.

Romances Dictados por el Espíritu Lucius

La Fuerza de la Vida

La Verdad de cada uno

La vida sabe lo que hace

Ella confió en la vida

Entre el Amor y la Guerra

Esmeralda

Espinas del Tiempo

Lazos Eternos

Nada es por Casualidad

Nadie es de Nadie

El Abogado de Dios

El Mañana a Dios pertenece

El Amor Venció

Encuentro Inesperado

Al borde del destino

El Astuto

El Morro de las Ilusiones

¿Dónde está Teresa?

Por las puertas del Corazón

Cuando la Vida escoge

Cuando llega la Hora

Cuando es necesario volver

Abriéndose para la Vida

Sin miedo de vivir

Solo el amor lo consigue

Todos Somos Inocentes

Todo tiene su precio

Todo valió la pena

Un amor de verdad

Venciendo el pasado

Libros de Eliana Machado Coelho y Schellida

Corazones sin Destino

El Brillo de la Verdad

El Derecho de Ser Feliz

El Retorno

En el Silencio de las Pasiones

Fuerza para Recomenzar

La Certeza de la Victoria

La Conquista de la Paz

Lecciones que la Vida Ofrece

Más Fuerte que Nunca

Sin Reglas para Amar

Un Diario en el Tiempo

Un Motivo para Vivir

¡Eliana Machado Coelho y Schellida,
Romances que cautivan, enseñan,
conmueven y
pueden cambiar tu vida!

Romances de Arandi Gomes Texeira y el Conde J.W. Rochester

El Condado de Lancaster

El Poder del Amor

El Proceso

La Pulsera de Cleopatra

La Reencarnación de una Reina

Ustedes son dioses

Libros de Vera Kryzhanovskaia y JW Rochester

La Venganza del Judío

La Monja de los Casamientos

La Hija del Hechicero

La Flor del Pantano

La Ira Divina

La Leyenda del Castillo de Montignoso

La Muerte del Planeta

La Noche de San Bartolomé

La Venganza del Judío

Bienaventurados los pobres de espíritu

Cobra Capela

Dolores

Trilogía del Reino de las Sombras

De los Cielos a la Tierra

Episodios de la Vida de Tiberius

Hechizo Infernal

Herculanum

En la Frontera

Naema, la Bruja

En el Castillo de Escocia (Trilogia 2)

Nueva Era

El Elixir de la larga vida

El Faraón Mernephtah

Los Legisladores

Los Magos

El Terrible Fantasma

El Paraíso sin Adán

Romance de una Reina

Luminarias Checas

Narraciones Ocultas

La Monja de los Casamientos

Libros de Elisa Masselli

Siempre existe una razón

Nada queda sin respuesta

La vida está hecha de decisiones

La Misión de cada uno

Es necesario algo más

El Pasado no importa

El Destino en sus manos

Dios estaba con él

Cuando el pasado no pasa

Apenas comenzando

Libros de Mónica de Castro y Leonel

A Pesar de Todo

Con el Amor no se Juega

De Frente con la Verdad

De Todo mi Ser

Deseo

El Precio de Ser Diferente

Gemelas

Giselle, La Amante del Inquisidor

Greta

Hasta que la Vida los Separe

Impulsos del Corazón

Jurema de la Selva

La Actriz

La Fuerza del Destino

Recuerdos que el Viento Trae

Secretos del Alma

Sintiendo en la Propia Piel

www.ingramcontent.com/pod-product-compliance
Lightning Source LLC
Chambersburg PA
CBHW021432150726
47989CB00001B/211